会社別就活ハンドブックシリーズ

2025

阪急阪神 HD の
就活ハンドブック

就職活動研究会 編

JOB HUNTING BOOK

はじめに

2021年春の採用から，1953年以来続いてきた，経団連（日本経済団体連合会）の加盟企業を中心にした「就活に関するさまざまな規定事項」の規定が，事実上廃止されました。それまで卒業・修了年度に入る直前の3月以降になり，面接などの選考は6月であったものが，学生と企業の双方が活動を本格化させる時期が大幅にはやまることになりました。この動きは2022年春そして2023年春へと続いております。

また新型コロナウイルス感染者の増加を受け，新卒採用の活動に対してオンラインによる説明会や選考を導入した企業が急速に増加しました。採用環境が大きく変化したことにより，どのような場面でも対応できる柔軟性，また非接触による仕事の増加により，傾聴力というものが新たに求められるようになりました。

『会社別就職ハンドブックシリーズ』は，いわゆる「就活生向け人気企業ランキング」を中心に，当社が独自にセレクトした上場している一流・優良企業の就活対策本です。面接で聞かれた質問にはじまり，業界の最新情報，さらには上場企業の株主向け公開情報である有価証券報告書の分析など，企業の多角的な判断・研究材料をふんだんに盛り込みました。加えて，地方の優良といわれている企業もラインナップしています。

思い込みや憧れだけをもってやみくもに受けるのではなく，必要な情報を収集し，冷静に対象企業を分析し，エントリーシート作成やそれに続く面接試験に臨んでいただければと思います。本書が，その一助となれば幸いです。

この本を手に取られた方が，志望企業の内定を得て，輝かしい社会人生活のスタートを切っていただけるよう，心より祈念いたします。

就職活動研究会

Contents

第1章

阪急阪神HDの会社概況

会社によって選考方法は千差万別。面接で問われる内容や採用スケジュールもバラバラだ。採用試験ひとつとってみても，その会社の社風が表れていると言っていいだろう。ここでは募集要項や面接内容について過去の事例を収録している。

また，志望する会社を数字の面からも多角的に研究することを心がけたい。

✔トップメッセージ

阪急阪神ホールディングスグループは、「安心・快適、そして夢・感動をお届けすることで、お客様の喜びを実現し、社会に貢献します」というグループ経営理念を掲げ、都市交通、不動産、エンタテインメント、情報・通信、旅行、国際輸送の6つのコア事業を展開しています。

2022年5月に発表した「長期ビジョン－2040年に向けて－」は、持続可能な社会の実現に貢献し、地域（関西）とともに成長する企業グループとなることを目指し、大阪新阪急ホテル・阪急ターミナルビルの建替や阪急三番街などのリニューアルを核とした大規模プロジェクト「芝田1丁目計画」や、都市再生緊急整備地域に指定された新大阪エリアと大阪梅田地区のネットワークを強化する新線計画「なにわ筋連絡線・新大阪連絡線」等、今後推進していく大規模プロジェクトの利益貢献が期待できる2035～2040年頃を見据えて策定いたしました。

この長期ビジョンの実現に向けた具体的な実行計画として、同時に発表した中期経営計画は、2025年度までを計画期間とし、「コロナ前の成長軌道への回帰」と「長期ビジョンの実現に向けた足固め」の2つに取り組むこととしております。本計画に基づき、2023年度は、既存事業において、収支構造の強靭化に向けた取組等の成果を活かしながら着実に利益を回復させていきます。その上で、計画の目標年度である2025年度に向けて、海外における不動産事業の展開やエンタテインメント事業における配信サービスの拡充といった、ここ数年で新たに着手・推進した取組により、一層の成長を図ります。また、新型コロナウイルスの収束に目途が立ったことを踏まえ、2025年度やそれ以降を見据えて前向きな成長投資を拡大していくほか、阪急阪神DXプロジェクト等を着実に進めてまいります。

さらに、当社グループでは、持続的成長を目指していくためのベースとして策定した「サステナビリティ宣言」に基づき、事業を通じて社会課題の解決に努め、持続可能な企業価値の向上を目指します。

今後も、グループ一丸となり、さまざまなステークホルダーの期待に応えられるよう最善を尽くしてまいりますので、これからも一層のご愛顧とともにご協力を賜りますよう、よろしくお願い申し上げます。

代表取締役会長 グループCEO
角　和夫
代表取締役社長
嶋田　泰夫

✔ 会社データ

会社創立	1907年（明治40年）10月19日
登記上本店	〒563-0056 大阪府池田市栄町1番1号
本社事務所	〒530-0012 大阪市北区芝田1丁目16番1号
人事総務室 東京統括部	〒100-0006 東京都千代田区有楽町1丁目2番2号 東宝日比谷ビル17階
資本金	994億74百万円
主な事業内容	「阪急電鉄株式会社」「阪神電気鉄道株式会社」「阪急阪神不動産株式会社」「株式会社阪急交通社」「株式会社阪急阪神エクスプレス」の5社を中核会社とする純粋持株会社として、グループ全体の事業戦略の策定や経営管理、経営資源の最適配分を行っています。

✔ 仕事内容

都市交通事業

鉄道

大阪梅田と、神戸・宝塚・京都を結ぶ阪急電鉄。私鉄で唯一、大阪梅田（キタ）と大阪難波（ミナミ）に乗り入れる阪神電気鉄道。この２社を中心に、社会を支える鉄道インフラとして関西圏で鉄道ネットワークを形成し、安全・安心・快適に、利用しやすい鉄道サービスを提供しています。

バス・タクシー

阪急バス・阪神バスでは、路線バスのリアルタイムな運行状況などを検索できるバスロケーションサービスや、ハウスICカード乗車券「hanica」などを通じ、お客様の利便性向上に努めています。
阪急タクシー・阪神タクシーでは、各種電子決済を取り扱うなど、多様化する決済ニーズに対応。環境への配慮からエコドライブの推進にも取り組んでいます。

流通

阪急・阪神沿線を中心に、化粧品・服飾雑貨店「カラーフィールド」や家具・インテリア雑貨店「ダブルデイ」のほか、食品スーパー「成城石井」のフランチャイズ店舗などを展開しています。また、外部パートナー企業と提携して幅広く小売サービスを提供することで、お客様の利便性向上に努めています。

交通広告

電車内や駅において、各種交通広告媒体（デジタルサイネージや看板・ポスターなど）を幅広く取り扱い、お客様に“価値ある空間”を提供しています。また、流通事業が持つお客様やメーカーとの接点と、交通広告事業が持つ情報発信力を活かし、店頭での商品販売に交通広告媒体やイベントスペースを活用したPR等も行っています。

不動産事業

開発

大阪梅田においては、『「みどり」と「イノベーション」の融合拠点』をまちづくりの目標とする「うめきた２期地区開発事業(グラングリーン大阪)」を推進しています。また、「芝田１丁目計画」に着手し、阪急大阪梅田駅周辺のバリューアップを進めていきます。

賃貸

大阪梅田ツインタワーズ、グランフロント大阪、ハービス OSAKA・ハービス ENT、阪急西宮ガーデンズなど、大阪梅田や阪急・阪神沿線を中心に、数多くの商業施設・オフィスビルを保有。賃貸可能面積は合計で約 220 万㎡（2023 年 3 月現在）に上ります。

分譲

お客様の視点で品と質にこだわり、時を経るごとに愛着を感じていただける住まいづくりを目指す〈ジオ〉ブランドのマンション。加えて、沿線開発で培ったノウハウと〈ジオ〉の邸宅思想を融合させた戸建てブランド〈ジオガーデン〉を展開。これらを中心に、お客様の夢をかなえる住まいをご提案しています。

海外事業

国内での実績を活かし、タイ・ベトナム・フィリピン・インドネシア・マレーシアの 5 カ国で、約 5 万戸（2023 年 4 月現在）の住宅分譲プロジェクトに参画しており、今後も海外における不動産分譲事業の拡大を目指しています。また、インドネシアにおいて、大規模商業施設「セントラルパークモール」とジャカルタ中心部のオフィスビル 3 棟の一部を新たに取得し、事業運営に関わっています。ASEAN 諸国に加えて、アメリカにおいても現地法人を通じて賃貸住宅を取得するなど、積極的に海外事業を推進しています。

阪急阪神第一ホテルグループ

現代人のより良い眠りをデザインする宿泊主体型ホテルから、レストランでの食事や宴会なども楽しめるシティホテル、非日常を満喫できるラグジュアリーホテルまで、お客様の思いに寄り添うホスピタリティーで最高のおもてなしをお届けします。

ザ・リッツ・カールトン大阪

阪急阪神第一ホテルグループ以外にも、ラグジュアリーホテルである「ザ・リッツ・カールトン大阪」を経営。米国に本拠を置くザ・リッツ・カールトンの日本における初のホテルとして、開業以来、高い評価を得ています。時代を超えたクラシカルな空間、そして心のこもったおもてなしとサービスで、お客様にユニークで思い出に残るパーソナルな体験を提供します。

エンタテインメント事業

スポーツ

阪神タイガース

プロ野球の中でトップクラスの観客動員数を誇る、歴史と伝統の人気球団。観客を魅了する選手たちのプレーは、日本の野球界発展に寄与し続けています。

阪神甲子園球場

阪神タイガースのホームグラウンドや、高校野球の舞台として知られるほか、全日本大学アメリカンフットボール選手権大会の決勝戦をはじめとする大型イベントの会場にもなっています。2024 年の開業 100 周年にむけて、その歴史と魅力を色あせることなく発信し続けていきます。

ステージ

宝塚歌劇

世界でも数少ない女性だけの劇団として、お客様を夢と感動のステージへと誘う宝塚歌劇団。1914 年の第一回公演から 100 年を超える歴史が綴られてきました。宝塚大劇場·東京宝塚劇場での通年公演や全国各地での公演に加え、これまで計 18 の国と地域·計 27 回(2023 年 7 月現在)の海外公演も実施し、高い評価をいただいています。

梅田芸術劇場

1,905 席のメインホールと 898 席のシアター・ドラマシティの 2 つの劇場を運営し、演劇やミュージカル、コンサート、宝塚歌劇などの多彩な公演を上演しています。

音楽（Billboard）

100 年以上の歴史を持ち、世界で最も信頼される音楽ブランドである“ビルボード”。2006 年に日本におけるライセンス契約を締結し、クラブ事業をはじめ多角的に展開しています。

レジャー

六甲山

六甲山は、日本有数の眺望で知られる人気のスポット。日本最大級のアスレチックをはじめ、スキー場や植物園、展望台、ミュージアムなど多彩なレジャー施設を展開しています。

情報・通信事業

情報サービス（アイテック阪急阪神）

Eコマースや Web 制作などのインターネットビジネスに加え、長年培ってきた鉄道やビルなどの社会インフラに関するシステム開発を幅広く行っています。また、臨床検査・健康診断・健康経営などの医療ソリューションや高品質なソフトウェア開発などの受託サービスも展開しています。社会に安心と快適をお届けし、お客様の DX をさらに推進することで全国規模の拡大を目指します。

放送・通信（ベイ・コミュニケーションズ（Baycom)、姫路ケーブルテレビ(WINK)、BAN-BAN ネットワークス）

沿線地域を中心に、テレビ・インターネット・電話を快適にご利用いただける情報インフラを提供。最近では､ハイスペックな光インターネットサービスや､高速無線インターネットをご利用いただけるようになったほか、地域に密着したオリジナル番組（コミュニティチャンネル）の制作にも力を入れています。

あんしん（ミマモルメ）

無線 IC タグを持った子どもが学校の校門を通過すると、保護者にメール通知が届く「ミマモルメ」と、このシステムを応用し、自治体が設置した見守りカメラが子どもや高齢者などの見守り対象者の位置情報を通知する「まちなかミマモルメ」により、安全・安心に暮らせるまちづくりに貢献しています。

教育（プログラボ）

子ども向けロボットプログラミング教室「プログラボ」は、STEAM 教育※に基づくカリキュラムで、論理的思考力や問題解決能力、創造力など、未来を担う子どもたちの「夢を実現するチカラ」を育みます。生徒数は約 8,000 名。学校での出張・課外授業にも取り組んでいます。

※ Science(科学)・Technology(技術)・Engineering(工学)・Art(教養・芸術)・Mathematics(数学) を総合的に学ぶ教育手法

旅行事業

海外旅行・国内旅行

添乗員付きツアーを中心に全世界を舞台とした旅行事業を展開。基幹ブランド「トラピックス」をはじめ、ゆとりの旅の「クリスタルハート」、今年 50 周年を迎えた「阪神航空フレンドツアー」、自由な旅の「e-very」、思い通りの贅沢をかなえる「ロイヤルコレクション」の多彩な5つのブランドを新聞広告や情報誌、Web、テレビ通販などのメディアを通し、販売しています。また、全国各地と連携した深掘りの国内旅行を開発し、多様化するニーズに応えるとともに、デジタルマーケティングを強化し、DXを推進していきます。

団体旅行

企業・法人向けに、視察旅行や報奨旅行、研修旅行、イベント・コンベンションといった団体旅行や、修学旅行などの教育旅行を企画、提案。長年にわたって培った経験と知識を活かし、お客様の多様なニーズにお応えします。

業務渡航

ビザ取得や航空券・ホテル・通訳・MICEなど、さまざまな手配を行います。豊富な経験と実績を活かして安心・快適なビジネス旅行をご提供し、お客様の海外赴任や事業展開をトータルサポートします。

訪日旅行

ヨーロッパやシンガポールなどの海外拠点において、新規マーケットの開拓と拡大に取り組んでいます。観光をはじめ、企業視察やMICEなどで訪日されるお客様にご満足いただけるように、万全の受け入れ体制でお迎えします。

ソリューション

これまで培ってきたノウハウを活かし、地域での電話対応業務から全国規模の受付業務までさまざまなニーズに応えるコールセンター請負事業などを展開。社会の変化に対応し、課題解決に向けた事業を推進します。

国際輸送事業

国際航空貨物輸送

1948年に日本初の国際航空運送協会（IATA）認可の貨物代理店として、国際航空貨物輸送の業務に進出して以来、確固たるブランド力を築き上げてきました。物流の始点から終点まで一貫したサービスで、お客様から厚い信頼をいただいています。28の国と地域に140を超える自社拠点を有し、提携代理店も含め、全世界で迅速かつ安全なドア・ツー・ドアの国際輸送サービスを提供しています。

国際海上貨物輸送

外航海運利用事業者（NVOCC）として、国際航空貨物輸送と同様にグローバルなネットワークを活かした国際海上貨物輸送を行っています。一般コンテナ輸送（LCL：混載貨物、FCL：コンテナ扱い貨物）はもちろんのこと、特殊コンテナ輸送、在来船利用輸送、さらには輸出入通関や物流コンサルティングまで、お客様のニーズに応える最適なサービスをお届けします。

ロジスティクス

高度な物流コンサルティング能力を備えたエキスパートが、最先端の IT を最大限に駆使し、お客様に最適なロジスティクス・ソリューションを提案。高機能倉庫での保管・管理、流通加工、配送など、物流全体を包括的に捉え、国内外において、高品質でスピーディーなオペレーションを実現します。また、2009 年に、AEO 制度※における「特定保税承認者」に承認されました。

通関業

貨物の内容や数量などを代行して税関に申告し許可を得る、貨物の輸出入に不可欠な通関手続きにも精通。財務大臣から通関業の許可を受け、全国の税関に申告し、通関士の有資格者を中心としたプロフェッショナル集団がコンプライアンスに基づいた適正・迅速な通関業務を実施しています。2017 年に、AEO 制度※における「認定通関業者」の認定を取得しました。

※貨物のセキュリティー管理とコンプライアンス体制が整備された事業者に対し、税関手続の緩和・簡素化策を提供する制度

✔ 募集要項

掲載している情報は過去ものです。
最新の情報は各企業のHP等を確認してください。

募集職種	【総合職】阪急阪神ホールディングスグループにおける将来の幹部候補 (携わる事業) ・都市交通、不動産、エンタテインメント、情報・通信などの既存事業 ・DXプロジェクトや新規事業 ・法務、人事、経理、広報などの管理部門 (職種) ・企画、営業、運営、管理、技術(※) ※技術は特に都市交通事業、不動産事業における電気・機械・情報・土木・建築等の関連職種 これらの業務に携わっていただくとともに、幹部となるための知識・経験を蓄積していただきます。
給与	【2023年4月入社者より初任給改定 <学部卒・院卒ともに年俸を400,000円増額>】 (年俸) 学部卒：3,940,000円以上　院卒：4,240,000円以上 (月額給与) 学部卒：328,000円以上　院卒：353,000円以上 ※月額給与の表記は1,000円未満切り捨て ※月額給与には一律基準外手当相当額(20,000円)を含みます。 ※月の実労働時間に基づく時間外勤務手当等の基準外手当合計額が基準外手当相当額を上回る場合は、超過分の基準外手当を追加支給します。
諸手当	通勤手当，基準外手当等
昇給	年1回
勤務地	本社(大阪・梅田)および京阪神地区・首都圏や海外など
勤務時間	9:00～18:00他(配属先による)
休日休暇	完全週休2日制・祝日、年末年始、有給休暇、慶弔休暇など(配属先による)
福利厚生	保険：健康保険、厚生年金保険、雇用保険、労災保険 制度：家賃補助制度、住宅貸付金制度、社員持株会、カフェテリアプラン(選択式福利厚生制度)、仕事と育児の両立支援制度 施設：診療所、社員食堂など

✔ 採用の流れ（出典：東洋経済新報社『就職四季報』）

<table>
<tr><td>エントリーの時期</td><td>【総】3月～4月</td></tr>
<tr><td>採用プロセス</td><td>【総】ES提出（3月～）→適性検査･面接（複数回）→内々定
※事務系技術系一括採用</td></tr>
<tr><td>採用実績数</td><td>
<table>
<tr><th></th><th>大卒男</th><th>大卒女</th><th>修士男</th><th>修士女</th></tr>
<tr><td>2022年</td><td>8
（文：8
理：0）</td><td>9
（文：9
理：0）</td><td>15
（文：1
理：14）</td><td>2
（文：0
理：2）</td></tr>
<tr><td>2023年</td><td>16
（文：15
理：1）</td><td>16
（文：16
理：0）</td><td>13
（文：0
理：13）</td><td>2
（文：0
理：2）</td></tr>
<tr><td>2024年</td><td>12
（文：10
理：2）</td><td>9
（文：8
理：1）</td><td>22
（文：1
理：21）</td><td>3
（文：0
理：3）</td></tr>
</table>
</td></tr>
<tr><td>採用実績校</td><td>【文系】
（大学院）京都大学
（大学）大阪公立大学，同志社大学，大阪大学，神戸大学，京都大学，青山学院大学，関西学院大学，東京大学，明治大学
【理系】
（大学院）大阪大学，神戸大学，京都大学，大阪公立大学，広島大学，滋賀大学，千葉大学，東京大学，名古屋大学，和歌山大学
（大学）京都大学，大阪大学，神戸大学</td></tr>
</table>

✔2023年の重要ニュース（出典：日本経済新聞）

■阪神電鉄、有料座席の導入検討　年内にも判断（2/3）

阪急阪神ホールディングス（HD）傘下の阪神電気鉄道は、有料座席の導入を検討する。運行区間や車両開発の要否などの議論を進め、2023年内の早い時期に判断したい考えだ。新型コロナウイルス禍などで鉄道利用のあり方が変化しており、対応を模索する。

4月1日付で阪神電鉄の社長に就任する久須勇介専務（61）が、日本経済新聞の取材で明らかにした。実際に車両を改装して導入する場合は1～2年後になる見通しで、同社としては初めての試みとなる。

1月中旬までの1カ月間、イベントとして大阪梅田駅（大阪市）－青木駅（神戸市）で乗車券とは別に200円を支払えば必ず座れる臨時列車を運行した。1編成あたり180席の定員で満席に近かったという。久須氏は今後も同様の企画を続け、「収入増につながるかやブランド価値を高められるかを考えて（本格的な）導入の是非を検討する」と説明した。

京阪電気鉄道やJR西日本が有料特急を運行しているほか、阪急電鉄も24年に京都線で有料の指定席サービスを導入する。阪神電鉄は「通常の列車に人数制限をかける方法にするか専用車両を開発するかなど、顧客のニーズを見極めて詳細を決めていく」方針だ。

同社は沿線の工場への通勤などが中心で、足元の鉄道利用はコロナ前の9割まで回復している。ただ、在宅勤務などの影響で完全な回復は難しい見通しだ。沿線へ顧客を呼び込むため「阪神のブランドを明確に定義し、鉄道や沿線事業などを展開する」と話した。

■阪急・阪神、全車両へ防犯カメラ　27年度末までに（7/24）

阪急電鉄は24日、2027年度末までに保有する全車両に防犯カメラを設置すると発表した。同社は現在、約1300車両を保有している。阪神電気鉄道も同日、25年4月の国際博覧会（大阪・関西万博）開催までに全車両に防犯カメラを設置すると発表した。

グループ企業が開発した通信機能付き防犯カメラシステムを導入する。車内でトラブル発生時、運転指令室などから映像と音声をリアルタイムで確認することができる。防犯機能に加え、人工知能（AI）の認識技術を用いて車内の混雑状況の可視化につなげる研究を進めているという。

両社とも、防犯カメラの設置は一部車両にとどまっている。阪急電鉄は8月末から、阪神電鉄は９月から順次システムを導入する。阪神電鉄は現時点で約360車両を保有している。

■阪神優勝「大阪・関西経済の起爆剤に」 地元経済人も祝福(9/14)

阪神タイガースが18年ぶりのリーグ優勝を決めた14日、関西の経済人からも祝福の声があがった。大阪商工会議所の鳥井信吾会頭（サントリーホールディングス副会長）は「ようやく『アレ』ではなく優勝と具体的に、堂々と言える瞬間が訪れ、感激している」と喜びを語った。「今後の大阪・関西経済の起爆剤になる」と期待も込めた。

関西経済同友会の角元敬治代表幹事（三井住友銀行副会長）は「選手ひとりひとりの情熱とチームの団結力、それらを正しい方向に導く首脳陣のマネジメントが結実した結果だ」とたたえた。関西経済連合会の松本正義会長（住友電気工業会長）も「様々なバックグラウンドを持った選手の能力が最大限に引き出され、全員で勝利をつかむ強さがみられた」と強調した。

球団を傘下に置く阪急阪神ホールディングスの角和夫会長は「グループの歴史に輝かしい１ページを加えてくれたことは、この上ない喜び」とコメントした。そのうえで「力強く後押ししていただいたのは、間違いなくファンの皆様の熱い声援や応援」と謝意を示した。

■阪急バス、兵庫・大阪の４路線廃止へ 11月５日運行終了（10/11）

阪急阪神ホールディングス(HD)傘下の阪急バスは、兵庫県と大阪府で運行している４路線を廃止すると発表した。対象は宝塚駅―大阪国際空港間の「空港宝塚線」、阪急園田駅―梅田間の「阪北線の梅田系統」、三宮駅前―有馬温泉（太閤橋）間の「三宮有馬線」、阪急石橋北口―西宮北口間と阪急豊中駅―西宮北口間の「豊中西宮線」で、いずれも11月５日で運行を終了する。

阪急バスの担当者は「廃止する４路線は鉄道など他の移動手段と並行しており利用者が少なかった。収支状況も厳しいなか運転士不足が追い打ちとなって廃止を決めた」と話す。廃止予定の路線の定期券や回数券は11月６日以降、営業所や案内所などの窓口で払い戻しを受け付ける。

✓2022年の重要ニュース (出典：日本経済新聞)

■阪急阪神HDと豊中市が包括連携　MaaSの推進など(2/22)

阪急阪神ホールディングス（HD）と大阪府豊中市は22日、街づくりや駅周辺の環境整備などについての包括連携協定を結んだ。阪急阪神HDが再開発を計画する千里中央エリアの街づくりや鉄道やバスなどを組み合わせた次世代交通サービス「MaaS（マース）」の推進に向け協力する。

阪急阪神HDが自治体と包括連携協定を結ぶのは初めてで、交通や不動産やデータの活用などグループ全体で連携する。同社の杉山健博社長は「地域の発展に向けて、持続可能な街づくりを推進していきたい」と話した。提携では駅舎の再生可能エネルギー活用など環境に配慮した取り組みも進めていく方針だ。

■阪急バス・阪神バス、4月から通勤定期値上げ（3/14）

阪急阪神ホールディングス傘下の阪急バスと阪神バスは14日、4月1日から通勤定期券の運賃を改定すると発表した。通勤定期の現在の割引率は28%だが、4月からは25%とする。220円区間の1カ月定期では400円の値上げとなる。新型コロナウイルス禍で利用者が大幅に減少する中、運賃改定で収入の維持を図る。通学定期は据え置く。

通勤定期に合わせて高齢者向けの専用定期も見直す。「グランドパス65」は65～69歳を対象とし、1カ月定期は1000円値上げし6800円となる。

阪急バスでは2020年度の輸送人員が18年度比25%減の7100万人に落ち込んでおり、阪神バスも2割減の水準が続く。「在宅勤務などが定着したことで、利用者がコロナ前の水準に戻らない見通し」（阪急バス）という。

■阪急阪神グループ、大阪・梅田で最大規模のオフィス開業(3/23)

大阪・梅田の複合ビル「大阪梅田ツインタワーズ・サウス」（大阪市）のオフィス部分が24日、開業する。下層階には阪神梅田本店が入り、ダイキン工業や東洋紡などが本社を同ビルに移転する。新型コロナウイルス禍以降で開業する市内最大級のオフィスビルとなるが、契約率は約8割と好調だ。

阪急阪神ホールディングス傘下の阪神電気鉄道や阪急電鉄が23日、内覧会を開いた。1フロアの広さが約3500平方メートルと関西最大級で、1フロアで400～500人が働くことができる。12階にはバーカウンターやフィットネスジムなども整備し、他の入居企業との交流やリフレッシュを促すつくりとした。セミナーなどで使えるホールもある。

阪急阪神グループが所有していた大阪神ビルディングと新阪急ビルを2014年から建て替え、複合ビルとして開発した。投資額は約900億円。地上38階建てのうち11階より上がオフィスとなる。阪神梅田本店は4月6日に全面開業する。

在宅勤務などが定着する中、大阪中心部のオフィス空室率は上昇傾向が続く。開発を手掛けた阪急阪神不動産の森永純常務は「都市部のセンターオフィスでは交流が求められており、駅直結の立地が強みだ」と話す。入居企業へは千里中央や三宮などで展開しているサテライトオフィスの利用料も割り引くという。

■阪急阪神HD、梅田再開発に向けて新組織を設置（9/29）

阪急阪神ホールディングス（HD）は29日、大阪・梅田の再開発を進めるプロジェクトチームを10月1日付で新たに設置すると発表した。同社は2024年度末に営業を終える大阪新阪急ホテルと梅田駅直結の阪急三番街、阪急ターミナルビルを35年ごろをめどに一体開発する「芝田1丁目計画」を掲げる。新組織は鉄道や不動産などグループ全体から社員約60人が集まり、事業主体である阪急電鉄に設置する。

■阪急阪神、純利益87％増に上ぶれ　コロナ療養施設が好調（10/31）

阪急阪神ホールディングスは31日、2023年3月期の連結純利益が前期比87％増の400億円になりそうだと発表した。従来予想を50億円上回る。阪急電鉄や阪神電気鉄道の鉄道利用者数は想定を下回るものの、宿泊療養施設の管理などの新型コロナウイルス関連の受託業務の受注が伸びたことや国際輸送事業の好調が寄与する。

売上高にあたる営業収益は24％増の9250億円と従来予想を100億円上回る見通し。国際輸送の需給逼迫は解消されつつあるものの、解消時期が期初見通しより遅くなっていることが収益面で上振れ要因となる。

✔2021年の重要ニュース（出典：日本経済新聞）

■阪急阪神百貨店、全従業員にスマホ　コロナ機に働き方改革（3/1）

阪急阪神百貨店は3月までにアルバイトを除く全従業員約4800人に業務用のスマートフォンを配布する。800通りを超す「掛け紙（のし紙）」の使い方、金券のおつりの有無など煩雑な業務をスマホですぐ確認できる。百貨店の売り場はデジタル化が遅れているが、新型コロナウイルス禍をきっかけに働き方改革を進める。

正社員のほか、パートや嘱託社員などが対象。4800人のうち6割近い2800人は売り場の販売員だ。投資額は数億円程度とみられる。百貨店で業務用のスマホを持つのは、外回りの多い外商など一部に限られる。販売員にも貸与するのは珍しいという。

きっかけは2020年4月の緊急事態宣言の発令だ。食料品売り場を除いて臨時休業し、自宅待機する販売員の状況を円滑に確認できなかった。竪帯宏壮取締役執行役員は「物を仕入れて売る商売の基本はずっと変わらず、デジタル化も進まなかった。スマホがこれだけ普及し、今までの働き方を変えていこうと決めた」と話す。

スマホには生産性を高める独自コンテンツ「デジタルスタッフガイド」を配信する。ギフト商品の掛け紙は目的別に分類し、検索しやすくした。七五三や結婚、出産など大きく分類して800を超えるシーンに対応した使い分けが必要で、覚えるのに苦慮していた。従業員から専門スタッフへの問い合わせは、阪急うめだ本店（大阪市）で18年に年1万件を超えていた。接客に時間がかかる要因となっていた。

また、画像認識技術を活用し、カメラで金券を写すと、適切な取り扱い方を表示する。ポイントカードと併用できるか、おつりは必要かといったことが一目で分かる。竪帯氏は「店員がスムーズに案内できれば、来店客にストレスのない買い物体験を提供できる」と狙いを話す。スマホなら業務中に常に持ち歩ける。

これまでは紙の「ポケットガイド」を従業員が持ち歩いていたが、デジタルに移行する

これまでは店舗案内図などを書いた紙媒体のポケットガイドを年2回発行していたが、このほど新規発行を取りやめた。19年12月に試験的に始めたデジタル版の20年10月末時点の導入率は、百貨店の社員が接客する売り場で3割程

度だ。従業員からは「金券など、確認に時間がかかっていたものがすぐに分かるようになった」といった声が出ている。今年3月には100%に引き上げる。アパレルなどテナントの社員にはタブレット端末の配布を検討し、店舗全体に広げる。

紙ベースだった経費精算、ホワイトボードでの予定共有にもスマホを活用する。朝礼での連絡事項をメールで送れば、「朝礼の時間を販売トレーニングなどもっと有意義なことに使える」（竪帯氏）という。

新型コロナの感染拡大で業績は厳しい。阪急阪神百貨店は実店舗とネットの融合で売り上げ確保を目指している。従業員の業務のデジタル化も重要な鍵となりそうだ。

■阪急阪神HD、「デジタル甲子園」で商談会（3/8）

阪急阪神ホールディングス（HD）は、傘下の阪神電気鉄道などとオンライン商談会を10～12日に開く。全国的に知名度の高い阪神甲子園球場をウェブ上に再現した「デジタル甲子園」で、外野に出展企業のブースを並べる。新型コロナウイルス禍を受けてリモートワークや医療、オンライン授業などの商品・サービスを提供する93社・団体が出展する。3日間で1万人の来場を目指す。

阪急阪神HDなど鉄道各社は新型コロナの影響が大きい。甲子園という資産を生かし、デジタル分野で新たな取り組みを進める。デジタル甲子園は今後、オンラインのコンサートや就職セミナーなどに「場所」貸しを検討する。

■阪急阪神HD、サステナ債100億円　大阪・梅田のビル向け（10/29）

阪急阪神ホールディングスは29日、資金用途を環境・社会の持続可能性に貢献する事業に絞った社債、サステナビリティボンドを同社として初めて発行すると発表した。年限は5年で発行額は100億円。大阪・梅田で開発する環境や防災に配慮する複合ビルの建設費などにあてる。

格付投資情報センター（R&I）が国際資本市場協会の各種原則や、環境省と金融庁のガイドラインに対する適合性を確認した。主幹事は大和証券、三菱UFJモルガン・スタンレー証券など5社。

22年春の完成を予定する「大阪梅田ツインタワーズ・サウス」では非常用電源やテナント向けの備蓄倉庫を設置する。防災機能を高めた複合ビル周辺で整備を進める地下道でも、道幅を広げるなどバリアフリーな設計にする。

✔ 就活生情報

インターンシップには積極的に参加したほうがよいと思います

総合職 2020卒

エントリーシート

・形式：サイトからダウンロードした用紙に手書き
・内容：志望動機，学生時代に力を入れたことなど。二次選考に進む際，別タイプのエントリーシートが必要

セミナー

・記載なし

筆記試験

・形式：Webテスト
・科目：SPI（数学，算数／国語，漢字／性格テスト）

面接（個人・集団）

・回数：3回
・質問内容：1次：学生4人，社員1名の集団面接。2次：グループワーク。3次：グループワーク(5人)，個人面接(部長クラス)。4次：個人面接(役員)

グループディスカッション

・協調性，自分の役割を見つけ果たす力が試される内容

内定

・記載無し

インターン組が多いため，インターンに参加することを推奨します

総合職 2019卒

エントリーシート

・形式：サイトからダウンロードした用紙に手で記入
・内容：志望動機，学生時代に力を入れたことなど。2次面接に進む際に別タイプのESを求められる

セミナー

・情報なし

筆記試験

・形式：Webテスト
・科目：SPI（数学，算数／国語，漢字／性格テスト）

面接（個人・集団）

・1次：集団面接(社員1：学生4)
・2次：グループワーク(5人)
・3次：グループワーク(5人)・個人面接(部長クラス)は，
・最終：個人面接(役員)
・質問内容：協調性，自分の役割を見つけ果たす力が試されるもの

内定

・情報なし

多くの会社を見ていく中で，自分が社会において実現したいことが見えてきます。それをしっかり伝えればうまくいきます

総合職 2015卒

エントリーシート

・形式：Webで記入して送信する形式（リクナビなどの就職サイト）
・内容：ユニークな設問が多かったが，面接であまり触れられることがなかったので，論理的に書けば大丈夫だと思う

セミナー

・選考とは無関係
・服装：全くの普段着
・私は学内セミナーにしか参加せず，インターンシップも自社セミナーも不参加

筆記試験

・形式：マークシート方式
・科目：SPI（数学，算数/国語，漢字）

面接（個人・集団）

・雰囲気：普通
・回数：3回
・質問内容：一次面接では学生時代頑張ったこと，志望動機，自分を動物に例えると，など。二次面接では雑談とエントリーシートの内容をさらりと。三次の役員面接ではエントリーシートに沿って。志望動機を聞かれなかったので，自分から伝えて熱意を示すようにした

内定

・通知方法：電話
・タイミング：基本即日～2日後

その他受験者からのアドバイス

・会社のホームページやパンフレットからだけでは，社内の雰囲気や仕事内容はいまいちわかりにくい。具体的にイメージを膨らませるために，先輩社員に会いに行くことは大切だと思う

就活は悩む事が本当に沢山ありますが，明るく元気に頑張ってください

運輸現業職職 2015卒

エントリーシート

・形式：指定の用紙に手書きする方式
・内容：「研究内容」，「自己PR」，「勉強以外で力を注いだ事」，「志望動機」

セミナー

・選考とは無関係
・服装：リクルートスーツ
・内容：企業説明，社員座談会など

筆記試験

・形式：記述式／作文／その他
・科目：英語／数学，算数／国語，漢字／論作文／一般教養，一般知識

面接（個人・集団）

・雰囲気：普通
・回数：2回
・質問内容：志望動機，自己PR，なぜ現業職なのか，など

内定

・通知方法：電話

その他受験者からのアドバイス

・就職活動では自分の成し遂げたいことをしっかり考え，それがどの会社なら実現できるかを説明会などを通じで考えればよいと思いました

これまでの学生生活を振り返り，自分を分析することが大切。自分にぴったりの企業を選ぼう

総合職 2014卒

エントリーシート

・形式：Webで記入して送信
・内容：興味のある職種，最も熱くなった経験，最近ショックを受けたこと，あなたらしさを表す写真を貼り，自由にPR，などだった

セミナー

・選考とは無関係
・服装：リクルートスーツ
・内容：事業内容の説明，採用スケジュールの説明，パネルディスカッション，質問会があった

筆記試験

・形式：マークシート
・科目：数学，算数/国語，漢字/性格テスト

面接（個人・集団）

・雰囲気：普通
・回数：3回
・質問内容：志望動機，これまでの学生生活について，自分の短所について，自己PR，など

内定

・拘束や指示：他社の選考辞退を指示
・通知方法：電話
・タイミング：予定より早い

その他受験者からのアドバイス

・採用HPを熟読するほか，説明会時に配布されるパンフレットを読み，企業研究を行うといい。
・OB/OG訪問をして，仕事内容や働き方そのものについて話を聞いた

就職活動は自分の考えを押し出すのではなく，企業目線になって物事を考え，自分の良さを売り込むことが必要です

総合職 2013卒

エントリーシート

・形式：Webで記入して送信

・内容：，「人生最大の挑戦」は何か，「おもしろい!」と感じているものは何か，あなたらしさを表す写真に，タイトルをつけ，自己PR

セミナー

・選考とは無関係

・服装：リクルートスーツ

・内容：会社概要の説明，パネルディスカッションがあった

筆記試験

・形式：マークシート/Webテスト

・科目：数学，算数/国語，漢字/性格テスト

面接（個人・集団）

・雰囲気：普通

・回数：3回

・質問内容：一次（集団）自己PR，志望動機，あなたが考えるコミュニケーションとは。二次（個人）エントリーシートほか。最終（個人）

内定

・拘束や指示：他社の選考辞退を指示

・通知方法：電話

・タイミング：予定より早い

その他受験者からのアドバイス

・二次面接終了後，他社選考状況を確認される。3回の面接すべてにおいて，人事を説得できるような志望理由を考えておくことが必須

・実際に毎日阪急電車を利用しているので，最近できた新しい駅の特徴を知るために，その駅でおりて数十分座って観察した。実際に利用して，自分の感覚で受験する鉄道会社の特徴を捉えることが必要だと思う

✔ 有価証券報告書の読み方

01 部分的に読み解くことからスタートしよう

「有価証券報告書（以下，有報）」という名前を聞いたことがある人も少なくはないだろう。しかし，実際に中身を見たことがある人は決して多くはないのではないだろうか。有報とは上場企業が年に１度作成する，企業内容に関する開示資料のことをいう。開示項目には決算情報や事業内容について，従業員の状況等について記載されており，誰でも自由に見ることができる。

一般的に有報は，証券会社や銀行の職員，または投資家などがこれを読み込み，その後の戦略を立てるのに活用しているイメージだろう。その認識は間違いではないが，だからといって就活に役に立たないというわけではない。就活を有利に進める上で，お得な情報がふんだんに含まれているのだ。ではどの部分が役に立つのか，実際に解説していく。

■有価証券報告書の開示内容

では実際に，有報の開示内容を見てみよう。

有価証券報告書の開示内容

第一部【企業情報】
- 第１　【企業の概況】
- 第２　【事業の状況】
- 第３　【設備の状況】
- 第４　【提出会社の状況】
- 第５　【経理の状況】
- 第６　【提出会社の株式事務の概要】
- 第７　【提出会社の状参考情報】

第二部【提出会社の保証会社等の情報】
- 第１　【保証会社情報】
- 第２　【保証会社以外の会社の情報】
- 第３　【指数等の情報】

有報は記載項目が統一されているため，どの会社に関しても同じ内容で書かれている。このうち就活において必要な情報が記載されているのは，第一部の第1【企業の概況】～第5【経理の状況】まで，それ以降は無視してしまってかまわない。

02 企業の概況の注目ポイント

第1【企業の概況】には役立つ情報が満載。そんな中，最初に注目したいのは，冒頭に記載されている【主要な経営指標等の推移】の表だ。

回次		第25期	第26期	第27期	第28期	第29期
決算年月		平成24年３月	平成25年３月	平成26年３月	平成27年３月	平成28年３月
営業収益	(百万円)	2,532,173	2,671,822	2,702,916	2,756,165	2,867,199
経常利益	(百万円)	272,182	317,487	332,518	361,977	428,902
親会社株主に帰属する当期純利益	(百万円)	108,737	175,384	199,939	180,397	245,309
包括利益	(百万円)	109,304	197,739	214,632	229,292	217,419
純資産額	(百万円)	1,890,633	2,048,192	2,199,357	2,304,976	2,462,537
総資産額	(百万円)	7,060,409	7,223,204	7,428,303	7,605,690	7,789,762
１株当たり純資産額	(円)	4,738.51	5,135.76	5,529.40	5,818.19	6,232.40
１株当たり当期純利益	(円)	274.89	443.70	506.77	458.95	625.82
潜在株式調整後１株当たり当期純利益	(円)	―	―	―	―	―
自己資本比率	(%)	26.5	28.1	29.4	30.1	31.4
自己資本利益率	(%)	5.9	9.0	9.5	8.1	10.4
株価収益率	(倍)	19.0	17.4	15.0	21.0	15.5
営業活動によるキャッシュ・フロー	(百万円)	558,650	588,529	562,763	622,762	673,109
投資活動によるキャッシュ・フロー	(百万円)	△370,684	△465,951	△474,697	△476,844	△499,575
財務活動によるキャッシュ・フロー	(百万円)	△152,428	△101,151	△91,367	△86,636	△110,265
現金及び現金同等物の期末残高	(百万円)	167,525	189,262	186,057	245,170	307,809
従業員数［ほか、臨時従業員数］	(人)	71,729 [27,746]	73,017 [27,312]	73,551 [27,736]	73,329 [27,313]	73,053 [26,147]

見慣れない単語が続くが，そう難しく考える必要はない。特に注意してほしいのが，**営業収益**，**経常利益**の二つ。営業収益とはいわゆる**総売上額**のことであり，これが企業の本業を指す。その営業収益から営業費用（営業費（販売費＋一般管理費）＋売上原価）を差し引いたものが**営業利益**となる。会社の業種はなんであれ，モノを顧客に販売した合計値が営業収益であり，その営業収益から人件費や家賃，広告宣伝費などを差し引いたものが営業利益と覚えておこう。対して経常利益は営業利益から本業以外の損益を差し引いたもの。いわゆる金利による収益や不動産収入などがこれにあたり，本業以外でその会社がどの程度の力をもっているかをはかる絶好の指標となる。

■会社のアウトラインを知れる情報が続く。

この主要な経営指標の推移の表につづいて，「会社の沿革」，「事業の内容」，「関係会社の状況」「従業員の状況」などが記載されている。自分が試験を受ける企業のことを，より深く知っておくにこしたことはない。会社がどのように発展してきたのか，主としている事業はどのようなものがあるのか，従業員数や平均年齢はどれくらいなのか，志望動機などを作成する際に役立ててほしい。

03 事業の状況の注目ポイント

第2となる【事業の状況】において，最重要となるのは**業績等の概要**といえる。ここでは1年間における収益の増減の理由が文章で記載されている。「○○という商品が好調に推移したため，売上高は△△になりました」といった情報が，比較的易しい文章で書かれている。もちろん，損失が出た場合に関しても包み隠さず記載してあるので，その会社の1年間の動向を知るための格好の資料となる。

また，業績については各事業ごとに細かく別れて記載してある。例えば鉄道会社ならば，①運輸業，②駅スペース活用事業，③ショッピング・オフィス事業，④その他といった具合だ。**どのサービス・商品がどの程度の売上を出したのか**，会社の持つ展望として，今後**どの事業をより活性化**していくつもりなのか，などを意識しながら読み進めるとよいだろう。

■「対処すべき課題」と「事業等のリスク」

業績等の概要と同様に重要となるのが，「**対処すべき課題**」と「**事業等のリスク**」の2項目といえる。ここで読み解きたいのは，その会社の**今後の伸びしろ**について。いま，会社はどのような状況にあって，どのような課題を抱えているのか。また，その課題に対して取られている対策の具体的な内容などから経営方針などを読み解くことができる。リスクに関しては法改正や安全面，他の企業の参入状況など，会社にとって決してプラスとは言えない情報もつつみ隠さず記載してある。客観的にその会社を再評価する意味でも，ぜひ目を通していただきたい。

次代を担う就活生にとって，ここの情報はアピールポイントとして組み立てやすい。「新事業の○○の発展に際して……」，「御社が抱える●●というリスクに対して……」などという発言を面接時にできれば，面接官の心証も変わってくるはずだ。

04 経理の状況の注目ポイント

最後に注目したいのが，第5【経理の状況】だ。ここでは，簡単にいえば【主要な経営指標等の推移】の表をより細分化した表が多く記載されている。ここの情報をすべて理解するのは，簿記の知識がないと難しい。しかし，そういった知識があまりなくても，読み解ける情報は数多くある。例えば**損益計算書**などがそれに当たる。

連結損益計算書

（単位：百万円）

	前連結会計年度 （自 平成26年4月1日 至 平成27年3月31日）	当連結会計年度 （自 平成27年4月1日 至 平成28年3月31日）
営業収益	2,756,165	2,867,199
営業費		
運輸業等営業費及び売上原価	1,806,181	1,841,025
販売費及び一般管理費	※1 522,462	※1 538,352
営業費合計	2,328,643	2,379,378
営業利益	427,521	487,821
営業外収益		
受取利息	152	214
受取配当金	3,602	3,703
物品売却益	1,438	998
受取保険金及び配当金	8,203	10,067
持分法による投資利益	3,134	2,565
雑収入	4,326	4,067
営業外収益合計	20,858	21,616
営業外費用		
支払利息	81,961	76,332
物品売却損	350	294
雑支出	4,090	3,908
営業外費用合計	86,403	80,535
経常利益	361,977	428,902
特別利益		
固定資産売却益	※4 1,211	※4 838
工事負担金等受入額	※5 59,205	※5 24,487
投資有価証券売却益	1,269	4,473
その他	5,016	6,921
特別利益合計	66,703	36,721
特別損失		
固定資産売却損	※6 2,088	※6 1,102
固定資産除却損	※7 3,957	※7 5,105
工事負担金等圧縮額	※8 54,253	※8 18,346
減損損失	※9 12,738	※9 12,297
耐震補強重点対策関連費用	8,906	10,288
災害損失引当金繰入額	1,306	25,085
その他	30,128	8,537
特別損失合計	113,379	80,763
税金等調整前当期純利益	315,300	384,860
法人税、住民税及び事業税	107,540	128,972
法人税等調整額	26,202	9,326
法人税等合計	133,742	138,298
当期純利益	181,558	246,561
非支配株主に帰属する当期純利益	1,160	1,251
親会社株主に帰属する当期純利益	180,397	245,309

主要な経営指標等の推移で記載されていた**経常利益**の算出する上で必要な営業外収益などについて，詳細に記載されているので，一度目を通しておこう。

いよいよ次ページからは実際の有報が記載されている。ここで得た情報をもとに有報を確実に読み解き，就職活動を有利に進めよう。

✔ 有価証券報告書

※抜粋

企業の概況

1　主要な経営指標等の推移

（1）　連結経営指標等

回次		第181期	第182期	第183期	第184期	第185期
決算年月		2019年3月	2020年3月	2021年3月	2022年3月	2023年3月
営業収益	（百万円）	791,427	762,650	568,900	746,217	968,300
経常利益又は経常損失（△）	（百万円）	110,543	88,795	△7,623	38,450	88,432
親会社株主に帰属する当期純利益又は親会社株主に帰属する当期純損失（△）	（百万円）	65,476	54,859	△36,702	21,418	46,952
包括利益	（百万円）	66,565	44,292	△22,803	17,251	51,991
純資産額	（百万円）	915,381	937,672	909,985	915,363	980,940
総資産額	（百万円）	2,466,223	2,489,081	2,621,028	2,722,841	2,865,410
1株当たり純資産額	（円）	3,615.52	3,738.56	3,598.83	3,612.17	3,764.17
1株当たり当期純利益又は1株当たり当期純損失（△）	（円）	266.86	225.69	△151.72	88.89	194.88
潜在株式調整後1株当たり当期純利益	（円）	266.86	－	－	88.83	194.78
自己資本比率	（%）	35.9	36.4	33.1	32.0	31.6
自己資本利益率	（%）	7.6	6.1	△4.1	2.5	5.3
株価収益率	（倍）	15.55	16.11	－	39.88	20.14
営業活動によるキャッシュ・フロー	（百万円）	126,035	123,086	△32,501	81,844	132,091
投資活動によるキャッシュ・フロー	（百万円）	△116,160	△128,498	△102,151	△96,442	△113,216
財務活動によるキャッシュ・フロー	（百万円）	△11,171	964	134,631	15,141	△8,981
現金及び現金同等物の期末残高	（百万円）	27,589	23,526	25,222	29,422	41,375
従業員数［平均臨時従業員数］	（人）	22,654 [9,796]	22,800 [9,260]	23,192 [8,648]	22,869 [8,294]	22,527 [8,207]

（注）1　従業員数については、就業人員数を記載しています。
2　平均臨時従業員数については、従業員数の外数で記載しています。
3　当社は第182期より，当社の子会社である阪急阪神不動産（株）は第181期より，また阪急電鉄（株）及び阪神電気鉄道（株）は第180期より役員報酬BIP信託を導入し，当該信託が所有する当社株式

---

point　主要な経営指標等の推移

数年分の経営指標の推移がコンパクトにまとめられている。見るべき箇所は連結の売上，利益，株主資本比率の3つ。売上と利益は順調に右肩上がりに伸びているか，逆に利益で赤字が続いていたりしないかをチェックする。株主資本比率が高いとリーマンショックなど景気が悪化したときなどでも経営が傾かないという安心感がある。

は連結財務諸表において自己株式として計上しています。このため，1株当たり純資産額，1株当たり当期純利益又は1株当たり当期純損失及び潜在株式調整後1株当たり当期純利益の算定にあたっては，当該株式数を控除対象の自己株式に含めて算定しています。

4 第182期の潜在株式調整後1株当たり当期純利益については，希薄化効果を有している潜在株式が存在しないため記載していません。また，第183期の潜在株式調整後1株当たり当期純利益については，潜在株式は存在するものの1株当たり当期純損失であるため記載していません。

5 第183期の株価収益率については、1株当たり当期純損失であるため記載していません。

6 「収益認識に関する会計基準」（企業会計基準第29号）等を第184期の期首から適用しており，第184期以降に係る主要な経営指標等については，当該会計基準等を適用した後の指標等となっています。

(2) 提出会社の経営指標等

回次		第181期	第182期	第183期	第184期	第185期
決算年月		2019年3月	2020年3月	2021年3月	2022年3月	2023年3月
営業収益	(百万円)	45,207	54,303	42,960	13,360	24,111
経常利益	(百万円)	40,820	49,741	38,769	7,992	18,021
当期純利益	(百万円)	40,755	43,275	9,333	2,444	15,768
資本金	(百万円)	99,474	99,474	99,474	99,474	99,474
発行済株式総数	(千株)	254,281	254,281	254,281	254,281	254,281
純資産額	(百万円)	512,674	531,772	528,510	514,787	518,600
総資産額	(百万円)	1,278,786	1,308,500	1,488,879	1,524,818	1,515,793
1株当たり純資産額	(円)	2,084.89	2,184.73	2,182.89	2,126.25	2,141.89
1株当たり配当額 （1株当たり中間配当額）	(円)	40.00 (20.00)	50.00 (25.00)	50.00 (25.00)	50.00 (25.00)	50.00 (25.00)
1株当たり当期純利益	(円)	165.33	177.19	38.40	10.09	65.13
自己資本比率	(%)	40.1	40.6	35.5	33.8	34.2
自己資本利益率	(%)	8.1	8.3	1.8	0.5	3.1
株価収益率	(倍)	25.10	20.51	92.32	351.34	60.26
配当性向	(%)	24.2	28.2	130.2	495.5	76.8
従業員数	(人)	168	167	187	204	219
株主総利回り	(%)	106.2	94.4	93.4	94.7	105.6
（比較指標：配当込みTOPIX）	(%)	(95.0)	(85.9)	(122.1)	(124.6)	(131.8)
最高株価	(円)	4,775	4,860	4,095	3,770	4,545
最低株価	(円)	3,330	2,869	2,997	3,185	3,335

（注）1 潜在株式調整後1株当たり当期純利益については，潜在株式が存在しないため記載していません。
2 従業員数については，就業人員数を記載しています。

point 沿革

どのように創業したかという経緯から現在までの会社の歴史を年表で知ることができる。過去に行った重要なM＆Aなどがいつ行われたのか，ブランド名はいつから使われているのか，いつ頃から海外進出を始めたのか，など確認することができて便利だ。

3 最高株価及び最低株価は，2022年4月4日より東京証券取引所プライム市場におけるものであり，それ以前については東京証券取引所市場第一部におけるものです。

4 当社は第182期より，当社の子会社である阪急阪神不動産（株）は第181期より，また阪急電鉄（株）及び阪神電気鉄道（株）は第180期より役員報酬BIP信託を導入し，当該信託が所有する当社株式は財務諸表において自己株式として計上しています。このため，1株当たり純資産額，1株当たり当期純利益及び潜在株式調整後1株当たり当期純利益の算定にあたっては，当該株式数を控除対象の自己株式に含めて算定しています。

5 「収益認識に関する会計基準」（企業会計基準第29号）等を第184期の期首から適用しており，第184期以降に係る主要な経営指標等については，当該会計基準等を適用した後の指標等となっています。

2【沿革】

(1) 提出会社の沿革

年月	摘要
1907年10月	・当社の前身，箕面有馬電気軌道（株）を設立（資本金550万円）
1910年3月	・宝塚線と箕面線営業開始
6月	・池田駅前室町住宅地の分譲を開始し，住宅経営に着手
1911年5月	・宝塚新温泉（宝塚ファミリーランドの前身）開業
1918年2月	・阪神急行電鉄（株）に社名変更
1920年7月	・神戸線（大阪梅田～神戸上筒井間）と伊丹線営業開始
1921年9月	・今津線（西宮北口～宝塚間）営業開始
1924年10月	・甲陽線営業開始
1926年12月	・今津線（西宮北口～今津間）営業開始
1929年3月	・梅田阪急ビル第1期工事竣工，翌月阪急百貨店開業
1936年4月	・神戸市内高架線完成，大阪梅田～神戸三宮で営業開始
1937年5月	・西宮球場開場
1943年10月	・京阪電気鉄道（株）を合併し，京阪神急行電鉄（株）に社名変更
1947年4月	・百貨店部門とこれに付帯する事業を分離し，（株）阪急百貨店を設立
1949年5月	・東京証券取引所に上場
12月	・京阪電気鉄道（株）を新たに設立し，これに営業の一部を譲渡 （譲渡した営業路線は，現在の阪急電鉄京都線を除く旧京阪電鉄線）
1959年2月	・大阪梅田～十三間複線増設工事竣工による三複線開通
1963年6月	・京都地下延長線（大宮～河原町間）営業開始
8月	・南千里延長線（千里山～南千里間）営業開始

1967年3月	・北千里延長線（南千里～北千里間）営業開始
1968年4月	・神戸高速鉄道開通，阪急・山陽電鉄相互直通運転開始
1969年11月	・阪急三番街開業
12月	・阪急・大阪市営地下鉄堺筋線相互直通運転開始
1973年4月	・阪急電鉄（株）に社名変更
11月	・梅田駅移転拡張工事竣工（1966年2月起工）
1977年8月	・阪急グランドビル開業
1987年4月	・鉄道事業法の施行に伴い，第1種鉄道事業としての営業開始
1988年4月	・第2種鉄道事業として，神戸高速線（神戸三宮～西代間）営業開始
1994年7月	・新宝塚大劇場竣工
1995年1月	・阪神・淡路大震災により甚大な被害を蒙り，神戸本線をはじめとして営業を一部休止 （6月12日に全線開通）
2001年1月	・新東京宝塚劇場開場
11月	・（株）第一ホテルを完全子会社化
2002年4月	・株式交換により，阪急不動産（株）を完全子会社化
12月	・阪急西宮スタジアム営業終了
2003年4月	・宝塚ファミリーランド営業終了
2004年4月	・株式交換により，（株）新阪急ホテルを完全子会社化
2005年4月	・会社分割により，鉄道事業その他のすべての営業を阪急電鉄分割準備（株）に移転し，純粋持株会社体制に移行するとともに，商号を阪急ホールディングス（株）に変更（同時に阪急電鉄分割準備（株）は商号を阪急電鉄（株）に変更）
2006年10月	・株式交換により，阪神電気鉄道（株）と経営統合し，両グループ共同の純粋持株会社として商号を阪急阪神ホールディングス（株）に変更
2022年4月	・東京証券取引所の市場区分の見直しにより，東京証券取引所の市場第一部からプライム市場に移行

(2) 関係会社の沿革

年月	摘要
1913年4月	・能勢電鉄（株） 鉄道事業営業開始
1926年5月	・宝塚ホテル開業（現（株）阪急阪神ホテルズ）
1927年7月	・阪急バス（株） バス事業営業開始
1928年11月	・神戸電鉄（株） 鉄道事業営業開始

1949年5月	・オーエス（株） 大阪証券取引所に上場
5月	・（株）東京楽天地 東京証券取引所に上場
6月	・神戸電鉄（株） 大阪証券取引所に上場
1951年10月	・阪急タクシー（株） 阪急バス（株）のタクシー部門営業譲受
1958年11月	・関西テレビ放送（株） テレビ放送開始
1960年10月	・（株）阪急交通社 阪急電鉄（株）の航空代理店部門営業譲受
1961年10月	・阪急不動産（株） 大阪証券取引所に上場
1964年5月	・大阪空港交通（株） バス事業営業開始
8月	・新阪急ホテル開業（現（株）阪急阪神ホテルズ）
1970年2月	・北大阪急行電鉄（株） 鉄道事業営業開始
3月	・千里阪急ホテル開業（現（株）阪急阪神ホテルズ）
1971年2月	・（株）新阪急ホテル 大阪証券取引所に上場
1978年2月	・宝塚バウホール開場（現阪急電鉄（株））
1981年7月	・京都新阪急ホテル開業（現（株）阪急阪神ホテルズ）
1985年7月	・新阪急ホテルアネックス開業（現（株）阪急阪神ホテルズ）
1992年11月	・アプローズタワー竣工（現阪急阪神不動産（株））
11月	・ホテル阪急インターナショナル開業（現（株）阪急阪神ホテルズ）
1998年11月	・HEPファイブ開業（現阪急阪神不動産（株））
2002年3月	・阪急不動産（株） 株式上場廃止
2004年3月	・（株）新阪急ホテル 株式上場廃止
6月	・ホテル経営統括会社として，（株）阪急ホテルマネジメントを設立
2005年4月	・（株）阪急ホテルマネジメント，（株）第一阪急ホテルズ，（株）新阪急ホテル，（株）京都新阪急ホテル，（株）東京 新阪急ホテル及び（株）神戸三田新阪急ホテルの6社が合併し，商号を（株）阪急ホテルマネジメント（（株）第一阪急ホテルズが商号変更）に変更
2007年10月	・株式交換により（株）阪神百貨店と（株）阪急百貨店が経営統合し，商号をエイチ・ツー・オー リテイリ ング（株）（（株）阪急百貨店が商号変更）に変更
2008年4月	・（株）阪急ホテルマネジメント，（株）ホテル阪神及びホテル阪神レストラン・システムズ（株）の3社が合併し，商号を（株）阪急阪神ホテルズ（（株）阪急ホテルマネジメントが商号変更）に変更
4月	・（株）阪急交通社が会社分割により，旅行部門を阪急交通社旅行事業分割準備（株）（（株）阪急交通社に商号 変更）に，また国際輸送部門を（株）阪急エクスプレスにそれぞれ移転
11月	・阪急西宮ガーデンズ開業（阪急電鉄（株））

2009年3月	・阪神なんば線の新線区間（西九条～大阪難波間）の開通に伴い，近畿日本鉄道と相互直通運転（神 戸三宮～近鉄奈良間）を開始（阪神電気鉄道（株））
10月	・（株）阪急エクスプレスと阪神エアカーゴ（株）が合併し，商号を（株）阪急阪神エクスプレス（阪神エアカー ゴ（株）が商号変更）に変更
2010年10月	・神戸高速線（阪神元町及び阪急神戸三宮～西代間）において，阪神電気鉄道（株）及び阪急電鉄（株）の両 社が一体的な運営を開始
2012年9月	・梅田阪急ビル建替工事竣工（11月全面開業）（阪急電鉄（株））
2018年4月	・阪急電鉄（株）及び阪神電気鉄道（株）の不動産事業を会社分割等により阪急不動産（株）に移管するととも に，阪急不動産（株）の商号を阪急阪神不動産（株）に変更
4月	・（株）阪急阪神エクスプレスが，セイノーホールディングス（株）を引受先とする第三者割当増資を実施
2022年2月	・大阪梅田ツインタワーズ・サウス建替工事竣工（3月全面開業）（阪神電気鉄道㈱、阪急電鉄㈱）

3 事業の内容

当社グループは，純粋持株会社である当社，子会社145社及び関連会社65社で構成され，その営んでいる主要な事業の内容及びセグメント情報との関連は，次のとおりです。

なお，当社は，有価証券の取引等の規制に関する内閣府令第49条第2項に規定する特定上場会社等に該当しており，これにより，インサイダー取引規制の重要事実の軽微基準については連結ベースの数値に基づいて判断することとなります。

（子会社）

（1） 都市交通事業

事業の内容	主要な会社名
鉄道事業	阪急電鉄㈱、阪神電気鉄道㈱、能勢電鉄㈱、北大阪急行電鉄㈱、神戸高速鉄道㈱
自動車事業	阪急バス㈱、阪神バス㈱、阪急タクシー㈱、阪神タクシー㈱
流通事業	阪急電鉄㈱、㈱エキ・リテール・サービス阪急阪神、㈱阪急スタイルレーベルズ
都市交通その他事業	アルナ車両㈱、阪急設計コンサルタント㈱、㈱阪神ステーションネット

point 事業の内容

会社の事業がどのようにセグメント分けされているか，そして各セグメントではどのようなビジネスを行っているかなどの説明がある。また最後に事業の系統図が載せてあり，本社，取引先，国内外子会社の製品・サービスや部品の流れが分かる。ただセグメントが多いコングロマリットをすぐに理解するのは簡単ではない。

(2) 不動産事業

事業の内容	主要な会社名
賃貸事業	阪急電鉄㈱、阪神電気鉄道㈱、阪急阪神不動産㈱
分譲事業等	阪急電鉄㈱、阪神電気鉄道㈱、阪急阪神不動産㈱、阪急阪神ビルマネジメント㈱、阪急阪神ハイセキュリティサービス㈱、阪急阪神クリーンサービス㈱、阪急阪神リート投信㈱、㈱阪急阪神ハウジングサポート、PT CPM ASSETS INDONESIA
ホテル事業	㈱阪急阪神ホテルズ、㈱阪神ホテルシステムズ、㈱有馬ビューホテル

(3) エンタテインメント事業

事業の内容	主要な会社名
スポーツ事業	阪神電気鉄道㈱、㈱阪神タイガース、㈱阪神コンテンツリンク
ステージ事業	阪急電鉄㈱、㈱宝塚クリエイティブアーツ、㈱梅田芸術劇場

(4) 情報・通信事業

事業の内容	主要な会社名
情報・通信事業	アイテック阪急阪神㈱、ユミルリンク㈱、㈱ベイ・コミュニケーションズ

(5) 旅行事業

事業の内容	主要な会社名
旅行事業	㈱阪急交通社

(6) 国際輸送事業

事業の内容	主要な会社名
国際輸送事業	㈱阪急阪神エクスプレス、㈱阪急阪神ロジパートナーズ、HHE(USA)INC.、HHE(DEUTSCHLAND)GMBH、HHE(HK)LTD.、HHE SOUTHEAST ASIA PTE. LTD. (※HHE：HANKYU HANSHIN EXPRESS)

(7) その他

事業の内容	主要な会社名
建設・環境事業	㈱ハンシン建設、中央電設㈱
広告代理・制作事業	阪急阪神マーケティングソリューションズ㈱
人事・経理代行業	㈱阪急阪神ビジネスアソシエイト
グループカード事業	㈱阪急阪神カード
グループ金融業	㈱阪急阪神フィナンシャルサポート

(注) 1 「主要な会社名」には，主要な連結子会社を記載しています。
2 当連結会計年度より，報告セグメントの区分を変更しています。詳細は，「第5経理の状況」の「1連結財務諸表」「(1) 連結財務諸表」「注記事項（セグメント情報等）」に記載しています。

3　2023年度より，海外不動産事業の利益拡大の状況を適切に示すべく，営業利益に海外事業投資に伴う持分法投資損益を加えた「事業利益」を新たな経営指標として導入します。詳細については，「第2　事業の状況」の「1　経営方針，経営環境及び対処すべき課題等」「3. 優先的に対処すべき事業上及び財務上の課題」「(1)　長期ビジョンについて」に記載のとおりです。また，不動産セグメントにおいて，「海外不動産事業」を独立した業態（サブセグメント）として表示します。

(関連会社)

事業の内容	主要な会社名
百貨店事業	エイチ・ツー・オー リテイリング㈱
鉄道事業	西大阪高速鉄道㈱、神戸電鉄㈱
映画の興行	東宝㈱
不動産賃貸事業	㈱東京楽天地
民間放送業	関西テレビ放送㈱

(注)　「主要な会社名」には，主要な持分法適用関連会社を記載しています。なお，持分法適用関連会社はセグメント情報の「調整額」の区分に含めています。

4 関係会社の状況

名称	住所	資本金 (百万円)	主要な 事業の内容	議決権の 所有割合 (%)	関係内容		
					役員の 兼任等	資金の 貸付	営業上の取引等
(連結子会社)							
阪急電鉄㈱ ※1, 6	大阪市 北区	100	鉄道事業 賃貸事業 分譲事業等 ステージ事業	100.0	有	無	債務被保証 グループ経営の 推進に係る 費用負担
阪神電気鉄道㈱ ※1	大阪市 福島区	29,384	鉄道事業 賃貸事業 分譲事業等 スポーツ事業	100.0	有	無	債務被保証 グループ経営の 推進に係る 費用負担
阪急阪神不動産㈱ ※1, 6	大阪市 北区	12,426	賃貸事業 分譲事業等	100.0	有	無	グループ経営の 推進に係る 費用負担
㈱阪急交通社 ※6	大阪市 北区	100	旅行事業	100.0	有	無	債務保証 グループ経営の 推進に係る 費用負担
㈱阪急阪神エクスプレス	大阪市 北区	100	国際輸送事業	66.0	有	無	グループ経営の 推進に係る 費用負担
能勢電鉄㈱	兵庫県 川西市	100	鉄道事業	(98.5) 98.5	有	無	−
北大阪急行電鉄㈱	大阪府 豊中市	1,500	鉄道事業	(54.0) 54.0	有	無	債務保証
神戸高速鉄道㈱	神戸市 中央区	100	鉄道事業	(51.7) 51.7	有	無	−
阪急バス㈱	大阪府 豊中市	100	自動車事業	(100.0) 100.0	有	無	−
阪神バス㈱	兵庫県 尼崎市	90	自動車事業	(100.0) 100.0	有	無	−
阪急タクシー㈱	大阪府 池田市	100	自動車事業	(100.0) 100.0	有	無	−
阪神タクシー㈱	兵庫県 西宮市	100	自動車事業	(100.0) 100.0	有	無	−
㈱エキ・リテール・サービス 阪急阪神	大阪市 北区	10	流通事業	(100.0) 100.0	有	無	−
㈱阪急スタイルレーベルズ	大阪市 北区	10	流通事業	(99.9) 99.9	有	無	−
アルナ車両㈱	大阪府 摂津市	20	都市交通 その他事業	(100.0) 100.0	有	無	−
阪急設計コンサルタント㈱	大阪市 北区	65	都市交通 その他事業	(100.0) 100.0	有	無	−
㈱阪神ステーションネット	大阪市 福島区	93	都市交通 その他事業	(100.0) 100.0	有	無	−

名称	住所	資本金（百万円）	主要な事業の内容	議決権の所有割合（%）	関係内容		
					役員の兼任等	資金の貸付	営業上の取引等
阪急阪神ビルマネジメント㈱	大阪市北区	50	分譲事業等	(100.0) 100.0	有	無	−
阪急阪神ハイセキュリティサービス㈱	大阪市北区	50	分譲事業等	(100.0) 100.0	有	無	−
阪急阪神クリーンサービス㈱	大阪市北区	10	分譲事業等	(100.0) 100.0	有	無	−
阪急阪神リート投信㈱	大阪市北区	300	分譲事業等	(100.0) 100.0	有	無	−
㈱阪急阪神ハウジングサポート	大阪市北区	20	分譲事業等	(99.8) 99.8	有	無	−
PT CPM ASSETS INDONESIA ※1	インドネシアジャカルタ	33,061	分譲事業等	(71.4) 71.4	無	無	−
㈱阪急阪神ホテルズ ※3	大阪市北区	100	ホテル事業	100.0	有	無	債務保証
㈱阪神ホテルシステムズ	大阪市北区	100	ホテル事業	(100.0) 100.0	有	無	−
㈱有馬ビューホテル	神戸市北区	10	ホテル事業	(88.0) 88.0	無	無	−
㈱阪神タイガース	兵庫県西宮市	48	スポーツ事業	(100.0) 100.0	有	無	−
㈱阪神コンテンツリンク	大阪市福島区	230	スポーツ事業	(100.0) 100.0	有	無	−
㈱宝塚クリエイティブアーツ	兵庫県宝塚市	70	ステージ事業	(100.0) 100.0	有	無	−
㈱梅田芸術劇場	大阪市北区	10	ステージ事業	(100.0) 100.0	有	無	−
アイテック阪急阪神㈱	大阪市福島区	200	情報・通信事業	(55.7) 70.0	有	無	システム管理業務の委託
ユミルリンク㈱ ※2	東京都渋谷区	273	情報・通信事業	(52.1) 52.1	有	無	−
㈱ベイ・コミュニケーションズ ※4	大阪市福島区	4,000	情報・通信事業	(45.0) 45.0	有	無	−
㈱阪急阪神ロジパートナーズ	大阪市住之江区	10	国際輸送事業	(100.0) 100.0	無	無	−
㈱ハンシン建設	大阪市西淀川区	400	建設・環境事業	(100.0) 100.0	有	無	−
中央電設㈱	大阪市福島区	323	建設・環境事業	(98.5) 98.5	有	無	−
阪急阪神マーケティングソリューションズ㈱	大阪市北区	10	広告代理・制作事業	51.0	有	無	広告物の制作

point 関係会社の状況

主に子会社のリストであり，事業内容や親会社との関係についての説明がされている。特に製造業の場合などは子会社の数が多く，すべてを把握することは難しいが，重要な役割を担っている子会社も多くある。有報の他の項目では一度も触れられていない場合が多いので，気になる会社については個別に調べておくことが望ましい。

名称	住所	資本金（百万円）	主要な事業の内容	議決権の所有割合（%）	関係内容		
					役員の兼任等	資金の貸付	営業上の取引等
㈱阪急阪神ビジネスアソシエイト	大阪市北区	80	人事・経理代行業	100.0	有	無	人事・経理業務の委託
㈱阪急阪神カード	大阪市北区	82	グループカード事業	100.0	有	無	カード運営業務の委託
㈱阪急阪神フィナンシャルサポート	大阪市北区	10	グループ金融業	100.0	有	有	−
その他　59社							

名称	住所	資本金（百万円）	主要な事業の内容	議決権の所有割合（%）	関係内容		
					役員の兼任等	資金の貸付	営業上の取引等
（持分法適用関連会社） エイチ・ツー・オーリテイリング㈱ ※2	大阪市北区	17,796	百貨店事業	(12.7) 21.6	有	無	−
西大阪高速鉄道㈱	大阪市福島区	17,799	鉄道事業	(35.0) 35.0	有	無	−
神戸電鉄㈱ ※2	神戸市兵庫区	11,710	鉄道事業	(1.0) 28.5	有	無	−
東宝㈱ ※2	東京都千代田区	10,355	映画の興行	(8.7) 21.7	有	無	−
㈱東京楽天地 ※2，5	東京都墨田区	3,046	不動産賃貸事業	19.4	有	無	−
関西テレビ放送㈱ ※5	大阪市北区	500	民間放送業	(0.1) 19.2	有	無	−
その他　4社							

（注）1　「議決権の所有割合」欄の上段（　）は，内数で間接所有割合です。
2　当連結会計年度より，報告セグメントの区分を変更しています。詳細は，「第5経理の状況」の「1連結財務諸表等」「(1) 連結財務諸表」「注記事項（セグメント情報等）」に記載しています。
3　※1：特定子会社に該当しています。
4　※2：有価証券報告書を提出している会社です。
5　※3：債務超過会社であり，債務超過額は39,498百万円です。
6　※4：持分は100分の50以下ですが，実質的に支配しているため子会社としています。
7　※5：持分は100分の20未満ですが，実質的な影響力を持っているため関連会社としています。
8　※6：阪急電鉄（株），阪急阪神不動産（株），（株）阪急交通社については，連結営業収益に占める営業収益（連結会社相互間の内部営業収益を除く。）の割合が10%を超えています。

（主要な損益情報等）

（単位：百万円）

会社名	営業収益	経常利益	当期純利益	純資産額	総資産額
阪急電鉄㈱	176,054	28,247	18,268	219,233	1,129,652
阪急阪神不動産㈱	126,880	10,319	6,486	156,498	617,391
㈱阪急交通社	188,063	14,704	10,098	12,043	82,130

5 従業員の状況

(1) 連結会社の状況

2023年3月31日現在

セグメントの名称	都市交通	不動産	エンタテインメント	情報・通信	旅行	国際輸送	その他	全社(共通)	合計
従業員数（人）	8,705 [2,008]	4,472 [3,725]	1,149 [365]	1,776 [311]	1,722 [1,168]	3,003 [250]	1,319 [344]	381 [36]	22,527 [8,207]

（注）1 従業員数は就業人員であり，出向社員を除き，受入出向社員を含んでいます。

2 臨時従業員数は［ ］内に年間の平均人員を外数で記載しています。

3 臨時従業員には，契約社員，嘱託契約の従業員を含み，派遣社員を除いています。

4 当連結会計年度より，報告セグメントの区分を変更しています。詳細は，「第5経理の状況」の「1連結財務諸表等」「(1) 連結財務諸表」「注記事項（セグメント情報等）」に記載しています。

(2) 提出会社の状況

2023年3月31日現在

従業員数（人）	平均年齢（歳）	平均勤続年数（年）	平均年間給与（円）
219	43.1	19.3	8,287,575

（注）1 従業員数は就業人員であり，関係会社等出向社員を除き，受入出向社員を含んでいます。また，臨時従業員については，従業員数の100分の10未満であるため記載を省略しています。

2 平均勤続年数は，他社からの出向社員については，出向元会社での勤続年数を通算しています。

3 平均年間給与は，賞与及び基準外賃金を含んでいます。

4 当社は純粋持株会社であり，「(1) 連結会社の状況」において，当社の従業員数は全社（共通）に含まれています。

事業の状況

1　経営方針，経営環境及び対処すべき課題等

当社グループの経営方針，経営環境及び対処すべき課題等は，次のとおりです。

なお，文中の将来に関する事項は，当連結会計年度末現在において当社グループが判断したものです。

1．会社の経営の基本方針

当社グループでは，都市交通，不動産，エンタテインメント，情報・通信，旅行及び国際輸送の６つの事業を主要な事業領域と位置付け，グループ経営機能を担う当社（純粋持株会社）の下，阪急電鉄（株），阪神電気鉄道（株），阪急阪神不動産（株），（株）阪急交通社及び（株）阪急阪神エクスプレスの５社を中核会社として，グループ全体の有機的な成長を目指しています。

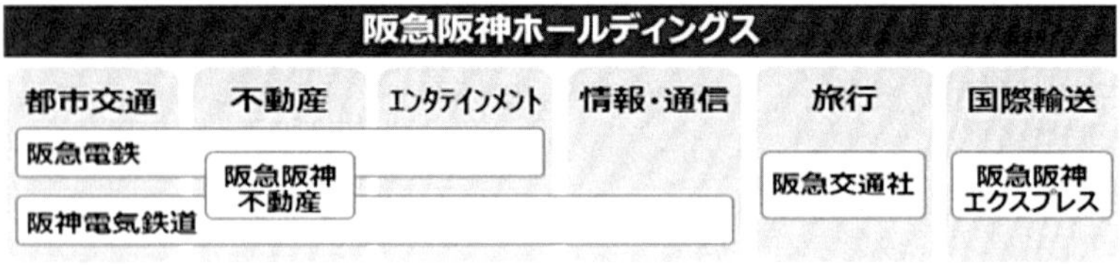

阪急阪神ホールディングス

都市交通　不動産　エンタテインメント　情報・通信　旅行　国際輸送

阪急電鉄

阪急阪神不動産

阪神電気鉄道

阪急交通社

阪急阪神エクスプレス

当社グループは，鉄道事業をベースに住宅・商業施設等の開発から阪神タイガースや宝塚歌劇など魅力溢れるエンタテインメントの提供に至るまで，多岐にわたる分野において，それまでになかったサービスを次々と提供することにより，沿線をはじめ良質な「まちづくり」に貢献するとともに，社会に新風を吹き込み，100年以上の長い歴史の中で数々の足跡を残してきました。そして，これらの活動等を通じて，暮らしを支える「安心・快適」，暮らしを彩る「夢・感動」を絶えずお客様にお届けしてきました。今後も，グループの全役員・従業員が，お客様の日々の暮らしに関わるビジネスに携わることに強い使命感と誇りを持ち，そうした思いを共有し，一丸となって業務にあたっていく上での指針として，以下のとおり「阪急阪神ホールディングス　グループ経営理念」を制定しています。

---

point　従業員の状況

主力セグメントや，これまで会社を支えてきたセグメントの人数が多い傾向があるのは当然のことだろう。上場している大企業であれば平均年齢は40歳前後だ。また労働組合の状況にページが割かれている場合がある。その情報を載せている背景として，労働組合の力が強く，人数を削減しにくい企業体質だということを意味している。

阪急阪神ホールディングス　グループ経営理念

使命（私たちは何のために集い、何をめざすのか）

「安心・快適」、そして「夢・感動」をお届けすることで、お客様の喜びを実現し、社会に貢献します。

価値観（私たちは何を大切に考えるのか）

お客様原点	すべてはお客様のために。これが私たちの原点です。
誠実	誠実であり続けることから、私たちへの信頼が生まれます。
先見性・創造性	時代を先取りする精神と柔軟な発想が、新たな価値を創ります。
人の尊重	事業にたずさわる一人ひとりが、かけがえのない財産です。

行動規範（「価値観」を守り、「使命」を果たしていくために、私たちはどのように行動するのか）

1. 私たちは、出会いを大切にし、お客様の立場に立って最善を尽くします。
2. 私たちは、法令遵守はもとより、社会的責任を自覚して行動します。
3. 私たちは、仕事に責任と誇りを持ち、迅速にやり遂げます。
4. 私たちは、目先のことのみにとらわれず、中長期的な視点で考えます。
5. 私たちは、現状に満足することなく、時代の先を見据えて取り組みます。
6. 私たちは、思いやりの心を持ち、お互いを認め合います。
7. 私たちは、活発にコミュニケーションを行い、風通しのよい職場をつくります。
8. 私たちは、グループ全体の発展のために力を合わせます。

2. サステナビリティ宣言

当社グループでは，2020年５月に発表した「阪急阪神ホールディングスグループ　サステナビリティ宣言」に基づき，ESG（環境・社会・企業統治）に関する取組を着実に推し進めております。

このサステナビリティ宣言では，当社グループがサステナブル経営を進める上での基本方針や６つの重要テーマ等を定めており，これをベースに，これからもお客様や地域社会等との信頼関係を構築しながら，持続的な成長を図り，ひいては持続可能な社会の実現につなげてまいります。

なお，サステナブル経営の推進にあたり，「気候関連財務情報開示タスクフォース（TCFD）」（※１）及び「国連グローバル・コンパクト」（※２）への対応として，2021年５月に賛同の意を表明しております。

※１「気候関連財務情報開示タスクフォース（TCFD）」…2015年に、G20の要請を受け、金融安定理事会の作業部会として設置されたものであり、投資

---

point　業績等の概要

この項目では今期の売上や営業利益などの業績がどうだったのか，収益が伸びたあるいは減少した理由は何か，そして伸ばすためにどんなことを行ったかということがセグメントごとに分かる。現在，会社がどのような ビジネスを行っているのか最も分かりやすい箇所だと言える。

家等の適切な投資判断に資するよう、企業等に対して、気候変動に伴うリスクと機会の特定、その財務的な影響の試算、気候変動に対応する事業戦略等を開示することを推奨しています。

※2「国連グローバル・コンパクト」…1999年の世界経済フォーラムで提唱された企業の行動規範であり、企業等に対し、人権・労働・環境・腐敗防止の4分野において、10原則を遵守し実践するよう要請しています。

＜サステナビリティ宣言の概要＞

基本方針

~暮らしを支える「安心・快適」、暮らしを彩る「夢・感動」を、未来へ~

私たちは、100年以上積み重ねてきた「まちづくり」・「ひとづくり」を未来へつなぎ、
地球環境をはじめとする社会課題の解決に主体的に関わりながら、
すべての人々が豊かさと喜びを実感でき、
次世代が夢を持って成長できる社会の実現に貢献します。

6つの重要テーマ	取組方針
① 安全・安心の追求	鉄道をはじめ、安全で災害に強いインフラの構築を目指すとともに、誰もが安心して利用できる施設・サービスを日々追求していきます。
② 豊かなまちづくり	自然や文化と共に、人々がいきいきと集い・働き・住み続けたくなるまちづくりを進めます。
③ 未来へつながる暮らしの提案	未来志向のライフスタイルを提案し、日々の暮らしに快適さと感動を創出します。
④ 一人ひとりの活躍	多様な個性や能力を最大限に発揮できる企業風土を醸成するとともに、広く社会の次世代の育成にも取り組みます。
⑤ 環境保全の推進	脱炭素社会や循環型社会に資する環境保全活動を推進します。
⑥ ガバナンスの充実	すべてのステークホルダーの期待に応え、誠実で公正なガバナンスを徹底します。

＜サステナビリティ宣言の概要＞

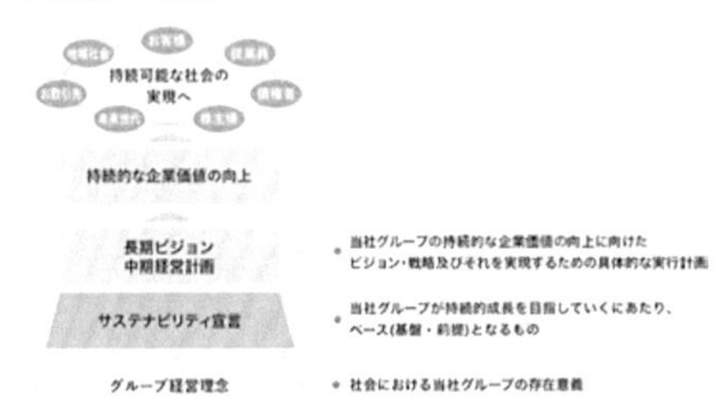

3. 優先的に対処すべき事業上及び財務上の課題

(1) 長期ビジョンについて

当社グループでは，コロナ禍をきっかけとした急速な社会変化や，SDGs・2050年カーボンニュートラル（脱炭素社会）への意識の高まり等，社会経済環境や事業環境の変化に対応し，持続的な企業価値の向上を実現していくために，2022年5月に「阪急阪神ホールディングスグループ　長期ビジョン－2040年に向けて－」を策定いたしました。

この長期ビジョンでは，今後推進していく「芝田1丁目計画（大阪新阪急ホテル・阪急ターミナルビルの建替え，阪急三番街の全面改修等）」や「なにわ筋連絡線・新大阪連絡線計画」等の大規模プロジェクトの利益貢献が期待できる2035～2040年頃を見据えながら，長期的に当社グループが目指す姿をはじめ，その実現に向けた戦略や財務方針等を定めております。

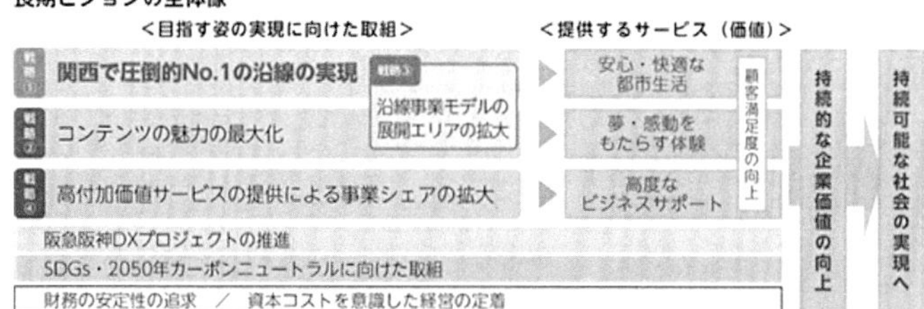

上記のとおり，「深める沿線　拡げるフィールド」というスローガンのもと，それを実現するために4つの戦略を掲げており，この4つの戦略に加えて，「阪急阪神DXプロジェクト」（※1）やSDGs・2050年カーボンニュートラルに向けた取組を強力に推進してまいります。

また，財務方針については，財務健全性の維持を図りながら，ベースとなる利益を安定的に計上するとともに，これまで以上に資本コストを意識した経営の定着を図ってまいります。

そして，今後の経営目標については，上記の大規模プロジェクトの竣工・開業等により相応な利益伸長が期待される2035～2040年頃の成長イメージに加え，その通過点として2030年度の経営目標（財務指標・非財務指標）を下記のとおり掲げております。

2030年度における経営目標（財務指標・非財務指標）

<財務指標>

収益性	事業利益（※2） （注）事業利益…営業利益＋海外事業投資（不動産事業等）に伴う持分法投資損益	**1,300億円＋α**（※3）
財務健全性	有利子負債/EBITDA倍率 （注）EBITDA…事業利益＋減価償却費＋のれん償却額	**5倍台**
資本効率	ROE （注）ROE…親会社株主に帰属する当期純利益÷自己資本	**中長期的に7%水準**

<非財務指標>

- CO_2排出量の削減率（2013年度比）**△46%**
- 鉄道事業における有責事故ゼロ
- 従業員満足度の継続的向上
- 女性管理職比率 **10%程度**
- 女性新規採用者比率 **30%以上を継続**

2035～2040年頃の成長イメージ

大規模プロジェクトの竣工・開業による利益貢献に加え、阪急阪神DXプロジェクトの一層の推進等により、2030年度の事業利益（1,300億円＋α）からさらなる利益伸長を目指す

当社グループでは，この長期ビジョンの戦略に則った施策等を推し進めることにより，持続的な企業価値の向上を図るとともに，お客様や地域社会をはじめとするステークホルダーの期待に応え，持続可能な社会の実現に貢献することで，地域（関西）とともに成長する企業グループを目指してまいります。

※1　当社グループがDX（デジタル・トランスフォーメーション）に関して新たに取り組む施策（デジタル領域での新サービスの提供やグループ共通IDの導入等）の総称

※2　当社グループでは，長期ビジョンの戦略③に則り，現地デベロッパー等と合弁で海外不動産事業を拡大しておりますが，その利益規模の拡大に伴い，一部のマイノリティ出資案件に係る利益については「持分法による投資損益（営業外損益）」として計上することとなります。こうした中で，海外不動産事業の利益拡大の状況を適切に示すべく，営業利益に海外事業投資に伴う持分法投資損益を加えた「事業利益」を，2023年度より新たな経営指標として導入し，長期ビジョンで掲げる経営目標等においても，「営業利益」を「事業利益」に置き換えることといたします。

※3　事業利益1,300億円を目指すとともに，阪急阪神DXプロジェクト等での上積み（＋α）に挑戦します。

(2) 中期経営計画の策定について

当社グループでは，長期ビジョンの実現に向け，中期的な取組を反映した具体的な実行計画として，2022年度から2025年度までの4か年を「コロナ前の成長軌道に回帰する期間」及び「長期ビジョンの実現に向けて足固めをする期間」と位置付ける中期経営計画を策定し，それに則った施策を推し進めております。

そうした中で，2022年度におきましては，多くの事業で新型コロナウイルスの影響から一定の回復がみられたことに加え，旅行事業において自治体から自宅療養者の支援業務を受託するなどの一時的な増益効果もあり，相応に利益を回復させることができました。2023年度については，2022年度の旅行事業の増益に寄与した受託案件が減少することによる影響等を受けるものの，コロナ禍で進めた収支構造の強靭化に向けた取組等の成果を活かしながら着実に利益を回復させ，事業利益は900億円，親会社株主に帰属する当期純利益は520億円を予想しております。そして，長期ビジョンの実現に向けた最初のマイルストーンとなる2025年度については，ここ数年で新たに着手・推進した取組の成果を発現させて成長を図り，事業利益は1,180億円，親会社株主に帰属する当期純利益は750億円，「有利子負債/EBITDA倍率」は6.4倍，ROEは7%水準となる見通しです。

また，2023年度の株主還元につきましては，総還元性向（※4）を30%とし，安定的な配当の実施と自己株式の取得に取り組んでまいります。このうち，配当については，2022年度と同水準の1株当たり50円（中間配当金25円，期末配当金25円）を予定しております。

※4 総還元性向…親会社株主に帰属する当期純利益に対する年間配当金総額と自己株式取得額の合計額の割合

2 事業等のリスク

当社グループの経営成績，株価及び財政状態等に影響を及ぼす可能性のあるリスクには以下のようなものがあります。文中における将来に関する事項は，当社グループが当連結会計年度末現在において判断したものであり，また，これらのリスクは当社グループのすべてのリスクを網羅したものではありません。

なお，当社グループのリスク管理体制については，「第4　提出会社の状況」の

「4　コーポレート・ガバナンスの状況等」「(1)　コーポレート・ガバナンスの概要」「②　コーポレート・ガバナンス体制」「2. 内部統制体制」に記載のとおりです。

(1) 自然災害，事故

①　感染症の流行について

感染症が広く流行し，往来の制限をはじめ人々の生活が様々な制約を受けることとなった場合，当社グループでは，都市交通事業における鉄道等の旅客人員の減少，不動産事業における賃貸施設の休館・来館者数の減少やホテルのインバウンド・国内需要の減少，エンタテインメント事業におけるプロ野球の試合や宝塚歌劇の公演の中止・入場人員の制限，旅行事業における海外・国内ツアーの催行中止等，各事業において大きな影響を受ける可能性があります。

当社グループでは，新型コロナウイルスの感染拡大以降，上記のような影響を受けました。2022年度も同影響がまだ残るものの，多くの事業において一定の回復がみられています。

当社グループとしては，今後，同影響が収束し，国内外の経済活動が相当程度回復していくと想定される中で，中期経営計画の実行を通じて，コロナ前の成長軌道に回帰するとともに，「長期ビジョン－2040年に向けて－」の実現に向けて，戦略の具体化を推し進めていきます。

②　自然災害等について

当社グループは，都市交通事業，不動産事業，エンタテインメント事業，情報・通信事業，旅行事業及び国際輸送事業など多種多様な事業を営んでおり，地震や台風等の自然災害，大規模な事故，テロ行為等が発生した場合には，顧客や営業施設への被害及び事業活動の制限等により，当社グループの経営成績及び財政状態等が影響を受ける可能性があります。特に近年，気温や海水温の上昇などの気候変動により，集中豪雨や強力な台風等が増加する可能性が指摘されており，こうした自然災害により上記の影響を受けるリスクが高まってきています。

当社グループとしては，既存設備の維持更新投資や耐震補強工事を実施するとともに，激甚化する自然災害による影響の分析や対応を進めるほか，特に鉄道等の公共輸送に携わるグループ会社については，安全性を最優先にした体制の整備に努めるなど，ハード・ソフトの両面から，自然災害や事故等による影響の最小化に向けた取組を行っています。

(2) 情報管理

当社グループは，各事業において情報システムを利用しており，事故や災害，人為的ミス，サイバー攻撃等によりその機能に重大な影響を受けた場合，当該情報システムの停止，誤作動等のほか，情報の漏えい等が生じることで，当社グループの事業運営に支障を来すとともに，当社グループの経営成績及び財政状態等が影響を受ける可能性があります。特に，個人情報については，各事業において顧客データ等の個人情報を管理しており，不測の事故等により情報が流出した場合には，損害賠償請求や社会的信用の失墜等により，大きな影響を受ける可能性があります。

当社グループとしては，電子情報セキュリティ基本方針等の社内規程に従い，情報の漏えい，改ざん，不正利用等の防止や情報システムの安定稼働に必要な対策を講じています。特に，当社グループは，重要インフラである鉄道を運営していることも踏まえ，サイバーセキュリティの確保をリスク管理の重要な要素と位置付けており，行政等の関係機関とも積極的に連携して情報収集に努めるなど，継続的に対策を講じているほか，「グループCSIRT」を整備し，問題発生時に速やかに連絡・対処して被害の局所化を図るとともに，適切な再発防止策を講じる体制を構築しています。また，個人情報については，上記に加え，国内外の個人情報保護に関する法令を遵守するよう，個人情報管理基本方針等の規程を制定し，個人情報の適切な利用と保護を図る体制を整備するとともに，役職員に対する教育等に取り組んでいます。

(3) コンプライアンス

当社グループは，全てのステークホルダーの期待にお応えし，信頼され，称賛される企業集団となることを目指しており，その前提の一つとなるのがコンプライアンスを重視した経営姿勢であります。万一，コンプライアンスに反する行為が発生した場合は，損害賠償や社会的信用の失墜等により，当社グループの経営成績及び財政状態等が影響を受ける可能性があります。

当社グループとしては，各事業において，会社法，金融商品取引法，労働法，税法，経済法，各種業法その他関係法令の遵守はもちろんのこと，人権の尊重，腐敗行為（贈収賄等）の防止，税務ポリシー等の各種の基本方針や，企業倫理規程等の社内規程を整備し，これらに従った事業運営を徹底するなど，コンプライアンス経営を推進しています。中でも，人権の尊重については，当社グループの使命を果たし続けるための基盤であると考えており，国連の「ビジネスと人権に関する指導原則」等を踏まえて，「人権の尊重に関する基本理念」及び「人権の尊重に関する基本方針」を策定（2023年4月に改定）するとともに，人権デュー・ディリジェンスにも取り組むなど負の影響の回避・低減に努めていきます。また，こうした取組の実効性をより高めるため，役職員への啓発や教育を行い，その知識や意識を向上させることで，コンプライアンスに反する行為の未然防止を図っているほか，内部通報制度を設け，コンプライアンス経営の確保を脅かす事象を速やかに認識し，対処できる体制を構築しています。

(4) 財務（有利子負債について）

当社グループでは，各事業において継続的に設備投資を行っていますが，これに必要な資金の多くは，金融機関からの借入れや社債等によって調達しています。そのため，今後，金利の上昇・金融市場の変化等が生じた場合や，当社グループの財務状況の変動等に伴って当社の格付が引き下げられた場合には，支払利息の増加のほか，返済期限を迎える有利子負債の借換えに必要な資金を含む追加的な資金を望ましい条件で調達することが困難になる可能性があります。

なお，当連結会計年度末における連結有利子負債残高は1兆1,063億51百万円となっていますが，今後，施設等の安全性の維持・向上に係る投資に加えて，大規模プロジェクトをはじめ将来を見据えた成長投資を予定しており，連結有利子負債が一定程度増加する見込みです。

当社グループとしては，引き続き資金調達の多様化を進め流動性を確保し，金利の固定化を行うことで金利変動リスクの回避に努めるとともに，コストや維持更新投資の削減などを通じて有利子負債の抑制を図りながら，財務体質の健全性の維持に努めていきます。

(5) 政治・経済・社会環境の変動

① 法的規制について

当社グループのうち，鉄道事業者においては，鉄道事業法の定めにより経営しようとする路線及び鉄道事業の種別毎に国土交通大臣の許可を受けなければならず（第3条），さらに旅客の運賃及び料金の設定・変更は，国土交通大臣の認可を受けなければならない（第16条）こととされています。よって，これらの規制により，当社グループの鉄道事業の活動が制限される可能性があります。なお，これらの国土交通大臣の許可及び認可については，期間の定めはありません。

また，鉄道事業以外でも，当社グループが展開する各事業については，様々な法令，規則等の適用を受けており，これらの法的規制が強化された場合には，規制遵守のための費用が増加する可能性があり，規制に対応できなかった場合は，当社グループの活動が制限される等，当社グループの経営成績及び財政状態等が影響を受ける可能性があります。

当社グループとしては，規制の変更，新設に関する情報やその影響等を事前に調査・把握し，当社グループへの影響を最小限にとどめるよう努めています。

② 保有資産の時価下落について

当社グループが保有する棚卸資産，有形・無形固定資産及び投資有価証券等の時価が，今後著しく下落した場合には，減損損失又は評価損等を計上することにより，当社グループの経営成績及び財政状態等が影響を受ける可能性があります。

③ 少子化等について

当社グループが基盤とする京阪神エリアにおいて，少子化等に伴う将来的な人口動態の変化から，鉄道，バス，タクシー等に対する旅客輸送需要やその他の各事業における需要が減退することに加え，労働市場の逼迫に伴い働き手の確保が困難になることが想定され，当社グループの経営成績及び財政状態等が影響を受ける可能性があります。

当社グループとしては，沿線における定住人口の増加や，インバウンド需要の取込等による交流人口の増加のための取組に加えて，DXの活用等を通じた生産性の向上に向けた取組をグループ全体で推し進めていきます。

④ 社会変化（ライフスタイルやビジネススタイルの変化）等について

新型コロナウイルスの感染拡大をきっかけに，人々の行動・生活拠点の変化や，QOL（Quality of Life）の意識拡大等の社会変化のほか，SDGs・2050年カーボンニュートラル（脱炭素社会）への意識が高まるなど，社会経済環境や事業環境が急速に変化しています。今後，これらの変化に伴って人々の生活が大きく変容した場合には，人々の生活に密接に関わる事業を多く営んでいる当社グループの既存のビジネスモデルが影響を受ける可能性があります。

当社グループでは，こうした状況を踏まえ，2022年5月に策定した「長期ビジョン－2040年に向けて－」の戦略に則った施策等を推し進め，社会経済環境や事業環境の変化に対応し，人々のニーズや志向を踏まえた商品やサービスを展開していくことで，グループの持続的な企業価値の向上を図っていきます。

⑤ 気候変動問題への対応について

気候変動に伴い，温室効果ガスの排出抑制に向けた取組が世界全体で進んでいます。当社グループの主力事業である鉄道は，他の輸送機関と比べて環境負荷が少ないものの，今後，鉄道や不動産をはじめとする各事業において，脱炭素社会や循環型社会に対応するための投資・費用の発生が見込まれるほか，温室効果ガス排出に係る税制の導入や（再生可能エネルギーの促進等に向けた）電力小売単価の上昇に伴って費用が増加する可能性があります。また，こうした社会への移行に対応できなかった場合には，信用の毀損等に伴う収益の減少や，円滑な資金調達が困難となる可能性があります。

当社グループでは，温室効果ガス削減への対策は持続可能な社会の実現に

---

point 生産及び販売の状況

生産高よりも販売高の金額の方が大きい場合は，作った分よりも売れていることを意味するので，景気が良い，あるいは会社のビジネスがうまくいっていると言えるケースが多い。逆に販売額の方が小さい場合は製品が売れなく，在庫が増えて景気が悪くなっていると言える場合がある。

向けて必要な取組であると認識しており，「サステナビリティ宣言」において重要テーマの一つに「環境保全の推進」を掲げ，脱炭素社会や循環型社会に資する環境保全活動を推進しています。その一環として，気候関連財務情報開示タスクフォース（TCFD）の提言に賛同し，その開示フレームワークに沿って，「ガバナンス」「リスク管理」「指標と目標」を明示するとともに，「戦略」については，当社グループの事業のうち，特に気候変動の影響が大きいと想定される鉄道事業と不動産事業における「リスクと機会」を特定し，シナリオ分析を進めて財務的な影響の試算等を行い公表するなど，同提言に沿った対応を進めています。また，こうした気候変動に関するリスクと機会を評価・管理するため，グループ共通のKPIとしてCO2排出量の削減目標（2030年度目標：2013年度比△46%。2050年度目標：実質ゼロ）を設定するとともに，各事業における個別のKPIを定めるなど，気候変動に対する事業の強靭性の向上を図っています。

⑥　国際情勢について

当社グループのうち，不動産事業，旅行事業，国際輸送事業等については，海外においても事業活動を行っており，各国の政治・経済情勢の大幅な変動，紛争又はテロ行為，感染症の流行など様々なリスク要因があります。これらのリスクについて，弁護士やコンサルタント等，専門家の助言を踏まえたリスク分析を行った上で対応に努めていますが，予期せぬ情勢変化が生じた場合には，当社グループの経営成績及び財政状態等が影響を受ける可能性があります。

3　経営者による財政状態，経営成績及びキャッシュ・フローの状況の分析

（1）　経営成績等の状況の概要

当連結会計年度における当社グループの経営成績，財政状態及びキャッシュ・フローの状況の概要は次のとおりです。

①　経営成績の状況

当期のわが国経済は，新型コロナウイルスによる社会経済活動の制限が緩和され個人消費を中心に緩やかな持ち直しの動きがみられたものの，ウクライナ情勢

---

point　対処すべき課題

有報のなかで最も重要であり注目すべき項目。今，事業のなかで何かしら問題があればそれに対してどんな対策があるのか，上手くいっている部分をどう伸ばしていくのかなどの重要なヒントを得ることができる。また今後の成長に向けた技術開発の方向性や，新規事業の戦略ついての理解を深めることができる。

の長期化等に伴うエネルギー価格の高騰等の影響により，先行きは不透明な状況で推移しました。

そうした中で，当社グループにおいては，2022年5月に「阪急阪神ホールディングス　長期ビジョン－2040年に向けて－」を公表し，その実行計画としての中期経営計画に掲げる目標を達成すべく，引き続き収支構造の強靭化に注力するとともに，需要構造の変化への対応を着実に推し進めました。

当期も新型コロナウイルスの影響がまだ残るものの，多くの事業において一定の回復がみられたことに加え，旅行事業において自治体からの自宅療養者の支援業務等の受注が大幅に増加したこと等により，営業収益，営業利益，経常利益及び親会社株主に帰属する当期純利益はいずれも増加しました。

当期の当社グループの成績は次のとおりです。

	当連結会計年度 （自　2022年4月 1日 至　2023年3月31日）	対前連結会計年度比較	
		増減額	増減率（%）
営業収益	9,683億円	2,220億83百万円	29.8
営業利益	893億50百万円	501億38百万円	127.9
経常利益	884億32百万円	499億82百万円	130.0
親会社株主に帰属する当期純利益	469億52百万円	255億34百万円	119.2

セグメント別の業績は次のとおりです。

なお，当連結会計年度より，報告セグメントの区分を変更しており，増減額及び増減率については，前期の実績値を変更後のセグメント区分に組み替え，算出しています。

報告セグメントの区分変更の詳細は，「第5　経理の状況」の「1　連結財務諸表等」「(1) 連結財務諸表」「注記事項（セグメント情報等）」に記載のとおりです。

（都市交通事業）

鉄道事業については，新型コロナウイルスの影響により，お客様のご利用状況が変化したこと等を受け，阪急電鉄及び阪神電気鉄道において，2022年12

月にダイヤ改正を実施しました。また，安全・安心への取組として，阪急電鉄において，春日野道駅に可動式ホーム柵とエレベーターを設置したほか，阪神電気鉄道において，大阪梅田駅の改良工事の進捗に伴い，可動式ホーム柵を整備した新２番線の供用を開始しました。さらに，すべてのお客様により安全で安心・快適にご利用いただくため，阪急電鉄及び阪神電気鉄道において，全駅にホーム柵を設置するなどのバリアフリー施策を推し進めるべく，2023年４月より，鉄道駅バリアフリー料金制度を活用した料金収受を開始します。

このほか，「阪急電車のデザイン」が，時代を超えて人々に愛され続けている点が評価され，「2022年度グッドデザイン・ロングライフデザイン賞」を受賞しました。自動車事業については，阪急バスグループ内の高速バス事業・空港リムジンバス事業・貸切バス事業を統合し，一体的な運用による競争力の強化を図ったほか，阪急バスが自治体や他の事業者と共同で，大阪府豊能町において，地域公共交通の課題解決に向けたAIオンデマンド交通（区域内不定期運行）の実証実験を行うなど，新たな試みにも着手しました。

営業収益は前期に比べ239億58百万円（14.8％）増加し，1,855億81百万円となり，営業利益は前期に比べ168億5百万円（298.5％）増加し，224億35百万円となりました。

事業の内容	当連結会計年度 （自　2022年4月 1日 至　2023年3月31日）	
	営業収益	対前連結会計年度 増減率（%）
鉄道事業	1,344億72百万円	13.4
自動車事業	401億59百万円	17.8
流通事業	119億69百万円	9.6
都市交通その他事業	89億13百万円	2.5
調整額	△99億33百万円	－
合計	1,855億81百万円	14.8

・阪急電鉄（株）運輸成績表s

区分				当連結会計年度 （自　2022年4月 1日 至　2023年3月31日）	対前連結会計年度 増減率（%）
営業日数			（日）	365	−
営業キロ			（キロ）	143.6	−
客車走行キロ			（千キロ）	165,288	△0.5
旅客人員	定期		（千人）	299,570	6.0
	定期外		（千人）	272,065	19.3
	合計		（千人）	571,636	11.9
運輸収入	旅客運賃	定期	（百万円）	29,900	4.3
		定期外	（百万円）	54,908	20.9
		合計	（百万円）	84,809	14.5
運輸雑収			（百万円）	4,879	△0.9
運輸収入合計			（百万円）	89,688	13.5
乗車効率			（%）	37.8	−

・阪神電気鉄道（株）運輸成績表

区分				当連結会計年度 （自　2022年4月 1日 至　2023年3月31日）	対前連結会計年度 増減率（%）
営業日数			（日）	365	−
営業キロ			（キロ）	48.9	−
客車走行キロ			（千キロ）	45,314	△0.3
旅客人員	定期		（千人）	114,974	4.4
	定期外		（千人）	103,696	23.3
	合計		（千人）	218,671	12.6
運輸収入	旅客運賃	定期	（百万円）	11,096	4.4
		定期外	（百万円）	19,365	25.8
		合計	（百万円）	30,462	17.0
運輸雑収			（百万円）	2,526	4.4
運輸収入合計			（百万円）	32,988	16.0
乗車効率			（%）	36.8	−

（注）1　上表は，第1種鉄道事業及び第2種鉄道事業の合計です。
2　客車走行キロは，社用，試運転，営業回送を含みません。なお，営業回送を含めた客車走行キロは，阪急電鉄（株）が169,112千キロ，阪神電気鉄道（株）が47,089千キロです。
3　乗車効率の算出方法
乗車効率＝延人キロ（駅間通過人員×駅間キロ程）／（客車走行キロ×平均定員）× 100

（不動産事業）

不動産賃貸事業については，2022年2月に全体竣工した「大阪梅田ツインタワーズ・サウス」（大阪市北区）において，同年4月に阪神百貨店がグランドオープンし，オフィスでは入居が着実に進展しました。また，大阪府北部地震により大きく損傷した「南茨木阪急ビル」（大阪府茨木市）の建替工事が完了し，開業したほか，既存の商業施設やオフィスビルにおいても競争力の強化と稼働率の維持向上等に取り組みました。一方，首都圏では，2021年12月に竣工した「H-CUBE MINAMIAOYAMA Ⅱ」（東京都港区）を売却するなど，収益用不動産の短期回収型事業を積極的に推し進めました。

なお，大規模開発プロジェクトのうめきた2期地区開発事業「グラングリーン大阪」については，2024年夏頃の先行街びらきに向けて，工事が計画どおり進捗しています。

不動産分譲事業については，マンション分譲では，「ジオ茨木中穂積」（大阪府茨木市），「ジオ京都山科」（京都市山科区），「ジオ杉並松庵」（東京都杉並区）等のほか，マンション建替事業として「ジオ一番町」（東京都千代田区）を販売しました。また，宅地戸建分譲では，「ジオガーデン須磨離宮公園」（神戸市須磨区），「ジオガーデン武庫北」（兵庫県尼崎市），「ジオガーデン大森山王」（東京都大田区）等を販売しました。

海外不動産事業については，アセアン諸国において住宅分譲事業を推し進めたほか，インドネシアで西ジャカルタエリアを代表する大規模商業施設「セントラルパークモール」を取得するなど，海外における不動産賃貸事業の基盤構築を進めました。このほか，アメリカにおいて賃貸住宅を取得するなど，事業エリアの拡大にも努めました。

ホテル事業については，水際対策の緩和や全国旅行支援の実施等により回復基調にある宿泊需要の取込みに注力するとともに，会員向けアプリの導入によりさらなるサービスの向上や利用機会の創出を図るなど，競争力の強化に努めました。営業収益は前期に比べ354億65百万円（14.4％）増加し，2,820億49百万円となり，営業利益は前期に比べ84億26百万円（43.4％）増加し，278億51百万円となりました。

事業の内容	当連結会計年度 （自　2022年4月 1日 至　2023年3月31日）	
	営業収益	対前連結会計年度 増減率（％）
賃貸事業	1,262億27百万円	12.2
分譲事業等	1,406億92百万円	3.8
ホテル事業	441億75百万円	72.9
調整額	△290億46百万円	－
合計	2,820億49百万円	14.4

（エンタテインメント事業）

スポーツ事業については，阪神タイガースが，ファンの方々のご声援を受けてシーズン終盤まで上位争いを演じ，クライマックスシリーズへの進出を果たしました。また，阪神甲子園球場では，物販・飲食において多様な企画を実施するなど魅力ある施設運営に取り組んだほか，2024年に開場100周年を迎えるにあたり，阪神本線を中心に記念ラッピングトレインの運行等の特別企画を実施しています。

ステージ事業については，歌劇事業において，新型コロナウイルスの影響を受け，一部の公演を中止するなど厳しい事業環境が続きました。そうした中でも，花組公演「うたかたの恋」・「ENCHANTEMENT－華麗なる香水（パルファン）－」，月組公演「応天の門」・「Deep Sea－海神たちのカルナバルー」等の各公演が好評を博したほか，宝塚歌劇に関する最新ニュースやオリジナルコンテンツ等を発信するアプリ「宝塚歌劇Pocket」のサービスを開始し，多くのお客様にご利用いただいています。

このほか，六甲山地区においては，自然・眺望と文化・スポーツといったコンテンツを組み合わせた様々なイベントや企画を開催するなど，集客に努めました。

営業収益は前期に比べ94億25百万円（15.0％）増加し，722億89百万円となり，営業利益は前期に比べ33億58百万円（36.3％）増加し，126億22百万円となりました。

事業の内容	当連結会計年度（自　2022年4月 1日 至　2023年3月31日）	
	営業収益	対前連結会計年度増減率（%）
スポーツ事業	383億63百万円	30.3
ステージ事業	338億58百万円	1.5
調整額	66百万円	−
合計	722億89百万円	15.0

（情報・通信事業）

情報サービス事業については，企業等において加速するDX（デジタル・トランスフォーメーション）の推進支援業務や，医療関連システムの受注が好調に推移しました。また，今後は交通システム分野において，鉄道施設等のさらなる安全性の向上や設備点検業務の効率化等の新たな需要が見込まれるため，それらに対応すべく，AIやローカル5G等の先端技術を設備の異常検知等に活用する実証実験にも取り組みました。

放送・通信事業については，FTTHサービス（光ファイバーを用いた高速インターネットサービス）の提供を推進するなど，お客様のニーズに応える様々なサービスを展開することにより，事業の着実な伸長に努めました。

あんしん・教育事業については，安全・安心に対するニーズの高まり等を背景に，「登下校ミマモルメ」の会員数が着実に増加したことに加え，ロボットプログラミング教室「プログラボ」の生徒数も堅調に推移しました。

営業収益は前期に比べ11億74百万円（2.0%）増加し，603億55百万円となり，営業利益は前期に比べ50百万円（0.9%）増加し，59億17百万円となりました。

（旅行事業）

旅行事業については，特に海外旅行部門において新型コロナウイルスの影響等により非常に厳しい事業環境が続いたものの，国内旅行部門においては，県民割・全国旅行支援等を活用したツアーの販売が堅調に推移しました。また，自治体から自宅療養者の支援業務を受託するなど，旅行以外の事業にも引き続き注力しました。

営業収益は前期に比べ1,309億80百万円（216.8%）増加し，1,914億円となり，営業利益は前期に比べ210億6百万円増加し，152億57百万円となりました。

（国際輸送事業）

国際輸送事業については，航空輸送の減便や海上輸送のコンテナ不足等により，航空・海上輸送とも上期を中心に需給の逼迫状況が続きました。こうした中，輸送スペースを確保し，お客様の需要を確実に取り込むことにより，収益の維持・拡大に努めました。

また，アジア地域を中心に，新たな拠点の設置や海上輸送における混載路線の開設等，グローバルネットワークのさらなる拡充を図ったほか，物流倉庫を新設・拡張し，ロジスティクス事業の強化にも注力しました。

営業収益は前期に比べ199億73百万円（13.9%）増加し，1,632億69百万円となり，営業利益は前期に比べ3億61百万円（4.5%）増加し，83億81百万円となりました。

（その他）

建設業等その他の事業については，営業収益は前期に比べ39億83百万円（7.7%）増加し，556億49百万円となり，営業利益は前期に比べ3億66百万円（15.4%）増加し，27億52百万円となりました。

② 財政状態の状況

当連結会計年度末の資産合計については，有形固定資産や販売土地及び建物，投資有価証券が増加したこと等により，前連結会計年度末に比べ1,425億68百万円増加し，2兆8,654億10百万円となりました。

負債合計については，前受金（流動負債の「その他」）や長期前受工事負担金，有利子負債，未払消費税等（流動負債の「その他」）が増加したこと等により，前連結会計年度末に比べ769億92百万円増加し，1兆8,844億70百万円となりました。

純資産合計については，利益剰余金や非支配株主持分が増加したこと等により，前連結会計年度末に比べ655億76百万円増加し，9,809億40百万円となり，自己資本比率は31.6%となりました。

③ キャッシュ・フローの状況

当連結会計年度末の現金及び現金同等物については，前連結会計年度末に比べ119億53百万円増加し，413億75百万円となりました。

（営業活動によるキャッシュ・フロー）

営業活動によるキャッシュ・フローについては，税金等調整前当期純利益750億12百万円，減価償却費622億23百万円，減損損失126億72百万円，棚卸資産の増加額292億86百万円，法人税等の支払額180億29百万円等により，1,320億91百万円の収入（前期は818億44百万円の収入）となりました。

（投資活動によるキャッシュ・フロー）

投資活動によるキャッシュ・フローについては，固定資産の取得による支出927億75百万円，投資有価証券の取得による支出216億72百万円，連結の範囲の変更を伴う子会社株式の取得による支出286億36百万円，工事負担金等受入による収入226億80百万円等により，1,132億16百万円の支出（前期は964億42百万円の支出）となりました。

（財務活動によるキャッシュ・フロー）

財務活動によるキャッシュ・フローについては，借入金の純増による収入110億53百万円，コマーシャル・ペーパーの純減による支出400億円，社債の発行による収入298億41百万円，社債の償還による支出70億円，配当金の支払額121億25百万円，連結子会社設立に伴う非支配株主からの払込みによる収入147億56百万円等により，89億81百万円の支出（前期は151億41百万円の収入）となりました。

④　生産，受注及び販売の実績

当社グループは、都市交通事業、不動産事業、エンタテインメント事業、情報・通信事業、旅行事業、国際輸送事業及びホテル事業など多種多様な事業を営んでいるため、セグメントごとに生産規模及び受注規模を金額あるいは数量で示すことはしていません。このため、生産、受注及び販売の実績については、「①　経営成績の状況」におけるセグメント別の業績に関連付けて示しています。

(2)　経営者の視点による経営成績等の状況に関する分析・検討内容

経営者の視点による当社グループの経営成績等の状況に関する認識及び分析・検討内容は次のとおりです。なお、文中の将来に関する事項は、当連結会計年度末現在において判断したものです。

①　重要な会計上の見積り及び当該見積りに用いた仮定

①　重要な会計上の見積り及び当該見積りに用いた仮定

当社グループの連結財務諸表は、わが国において一般に公正妥当と認められている会計基準に基づき作成されています。この連結財務諸表の作成にあたって、経営者は、決算日における資産・負債及び報告期間における収入・費用の金額並びに開示に影響を与える見積りを行わなければなりません。これらの見積りについては、過去の実績や状況等に応じ合理的に判断を行っていますが、実際の結果は、見積り特有の不確実性があるため、これらの見積りと異なる場合があります。

なお、当社グループの連結財務諸表で採用されている重要な会計方針については、「第5 経理の状況」の「1 連結財務諸表等」「(1) 連結財務諸表」「注記事項（連結財務諸表作成のための基本となる重要な事項）」に記載のとおりですが、特に以下の項目が、連結財務諸表作成における重要な見積りの判断に大きな影響を及ぼすと考えています。

また、会計上の見積りを行う上での新型コロナウイルスの影響の考え方については、「第5 経理の状況」の「1 連結財務諸表等」「(1) 連結財務諸表」「注記事項（重要な会計上の見積り）」に記載のとおりです。

a 固定資産の減損

当社グループは、事業の特性上、多くの固定資産を保有しています。これらの固定資産の回収可能価額については、将来キャッシュ・フロー、割引率、正味売却価額等の前提条件に基づき算出しているため、当初想定した収益等が見込めなくなった場合や将来キャッシュ・フロー等の前提条件に変更があった場合は、固定資産の減損を実施する可能性があります。

b 販売用不動産の評価

当社グループは、販売用不動産を多数保有しています。市場環境の変化や開発・販売計画の変更等により、正味売却価額が大きく下落した場合は、販売用不動産の評価減を実施する可能性があります。

c 繰延税金資産

当社グループは、将来の課税所得や実現可能性の高いタックス・プランニングに基づき、繰延税金資産の回収可能性を判断しています。業績の変動等により、将来の課税所得やタックス・プランニングに変更が生じた場合は、繰延税金資産が増加または減少する可能性があります。

d のれん

当社グループは、2006年度の阪神電気鉄道㈱との経営統合により発生した多額ののれんがあり、その資産性については子会社の業績や事業計画等に基づき検討しているため、将来において当初想定した収益等が見込めなくなった場合は、のれんの減損を実施する可能性があります。

② 資本の財源及び資金の流動性

a 有利子負債

当連結会計年度末現在の有利子負債の概要は，以下のとおりです。

（単位：百万円）

有利子負債	年度別要支払額				
	1年以内	1年超 3年以内	3年超 5年以内	5年超	合計
(1) 短期借入金（※1）	96,650	－	－	－	96,650
(2) コマーシャル・ペーパー	10,000	－	－	－	10,000
(3) 長期借入金（※1）	91,331	156,191	145,303	333,118	725,944
(4) 社債	30,000	45,000	25,000	160,000	260,000
(5) リース債務（※2）	4,251	5,438	2,098	1,966	13,755
合計	232,234	206,630	172,401	495,085	1,106,351

（※1）1年内返済予定の長期借入金は，「(3) 長期借入金」に含めています。
（※2）「(5) リース債務」は，流動負債と固定負債のリース債務の合計です。

また，当社グループの第三者に対する保証は，関係会社の借入金等に対する債務保証です。保証した借入金等の債務不履行が保証期間に発生した場合，当社グループが代わりに弁済する義務があり，当連結会計年度末における債務保証額は349億33百万円です。

b 財務政策

当社グループは、運転資金及び設備資金等については、内部資金または借入金及び社債により資金を調達することとしています。このうち、長期借入金及び社債にて調達した資金については、その大半を回収期間が長期にわたる鉄道事業や不動産賃貸事業を中心とした固定資産の取得等に充当しています。

重要な設備投資の計画については、「第３ 設備の状況」の「３ 設備の新設、除却等の計画」「(1) 重要な設備の新設等」に記載のとおりです。また、これらの資金は、固定金利に比重を置いた調達を実施しています。

これらの資金調達に加えて、キャッシュマネジメントシステムによるグループ資金一元化により、グループ会社からの余剰資金を集約して有効活用するとともに、感染症の流行や大規模自然災害等の予期せぬ事象に備え、取引金融機関とコミットメントライン契約を締結することにより、機動的に資金を確保する体制を構築しています。

c　株主還元

株主還元については、「第４　提出会社の状況」の「３　配当政策」に記載のとおりです。

③　経営成績，財政状態，キャッシュ・フローの状況に関する認識及び分析・検討内容

当連結会計年度の経営成績、財政状態、キャッシュ・フローの分析については、「(1) 経営成績等の状況の概要」の「①　経営成績の状況」、「②　財政状態の状況」、「③　キャッシュ・フローの状況」に記載のとおりです。

④　経営上の目標の達成状況を判断するための客観的な指標等の進捗状況

経営指標の見通し及び進捗状況については、「１　経営方針、経営環境及び対処すべき課題等」の「３．優先的に対処すべき事業上及び財務上の課題」に記載のとおりです。

設備の状況

1　設備投資等の概要

(1)　設備投資の概要

当連結会計年度の設備投資金額（無形固定資産を含む。）は，次のとおりです。

セグメントの名称	設備投資金額（百万円）	主な内容
都市交通	27,396	北大阪急行線延伸、 安全対策及びサービス向上のための設備投資、 車両の新造及び改造等
不動産	24,549	うめきた2期地区開発事業「グラングリーン大阪」
エンタテインメント	2,400	
情報・通信	5,629	
旅行	716	
国際輸送	2,401	
その他	422	
調整額又は全社（共通）	△477	
合計	63,039	

(2)　重要な設備の除却等

当連結会計年度において重要な設備の除却等はありません。

2 主要な設備の状況

当社及び連結子会社の当連結会計年度末現在におけるセグメントごとの設備の概要，帳簿価額及び従業員数は，次のとおりです。

(1) セグメント総括表

セグメントの名称	帳簿価額(百万円)						従業員数(人)
	建物及び構築物	機械装置及び運搬具	土地(面積千m²)	建設仮勘定	その他	合計	
都市交通	227,953	51,969	295,736 (3,779)	192,433	11,698	779,792	8,705 [2,008]
不動産	371,618	385	635,364 (925)	47,390	3,858	1,058,617	4,472 [3,725]
エンタテインメント	20,903	3,419	54,135 (735)	797	1,299	80,554	1,149 [365]
情報・通信	11,232	1,713	164 (1)	680	5,245	19,036	1,776 [311]
旅行	846	22	1,243 (0)	−	573	2,686	1,722 [1,168]
国際輸送	2,045	147	2,171 (20)	1	3,015	7,381	3,003 [250]
その他	2,874	152	956 (11)	4	186	4,174	1,319 [344]
調整額又は全社（共通）	△3,483	△7	20,836 (1,189)	11,599	△198	28,747	381 [36]
合計	633,990	57,804	1,010,609 (6,663)	252,908	25,678	1,980,991	22,527 [8,207]

(注) 1 帳簿価額「その他」は，工具器具備品及びリース資産です。
2 上記のほか、賃借土地214千m²があります。
3 従業員数の[ ]は，外数で平均臨時従業員数です。

(2) 都市交通事業

① 鉄道事業

a 線路及び電路施設

(国内子会社)

会社名	線別	区間	単線・複線の別	営業キロ(km)	駅数(駅)	変電所数(か所)
阪急電鉄(株)	神戸線					
	神戸本線	大阪梅田 ～ 神戸三宮	複線	32.3	16	7
	今津線	今津 ～ 西宮北口 西宮北口 ～ 宝塚	〃	9.3	8	
	伊丹線	塚口 ～ 伊丹	〃	3.1	3	
	甲陽線	夙川 ～ 甲陽園	単線	2.2	2	
	宝塚線					
	宝塚本線	大阪梅田 ～ 宝塚	複線	24.5	16	6
	箕面線	石橋阪大前 ～ 箕面	〃	4.0	3	
	京都線					
	京都本線	大阪梅田 ～ 京都河原町	〃	47.7	26	9
	千里線	天神橋筋六丁目 ～ 北千里	〃	13.6	10	
	嵐山線	桂 ～ 嵐山	単線	4.1	3	
	神戸高速線	神戸三宮 ～ 新開地	複線	2.8	[3]	[1]
阪神電気鉄道(株)	本線	大阪梅田 ～ 元町	複線	32.1	33	6
	阪神なんば線	尼崎 ～ 大阪難波	〃	10.1	5 [4]	[2]
	武庫川線	武庫川 ～ 武庫川団地前	単線	1.7	3	－
	神戸高速線	元町 ～ 西代	複線	5.0	[6]	[1]
能勢電鉄(株)	妙見線	川西能勢口 ～ 山下	複線	8.2	10	2
		山下 ～ 妙見口	単線	4.0	4	
	日生線	山下 ～ 日生中央	複線	2.6	1	－
	鋼索線	黒川 ～ ケーブル山上	単線	0.6	2	－
北大阪急行電鉄(株)	南北線	江坂 ～ 千里中央	複線	5.9	4	3
神戸高速鉄道(株)	東西線	阪神元町 ～ 西代 阪急神戸三宮 ～ 高速神戸	複線	7.2	6 [3]	1
	南北線	新開地 ～ 湊川	〃	0.4	[1]	－

(注) 1 軌間は1.435m（神戸高速鉄道（株）の南北線は1.067m），電圧は1,500V（能勢電鉄（株）の鋼索線は200V，北大阪急行電鉄（株）は750V）です。

2 阪急電鉄（株）及び阪神電気鉄道（株）の神戸高速線は第2種鉄道事業であり，同線における線路及び電路施設，［ ］書きの駅（西代駅は除く。）・変電所は，第3種鉄道事業者（神戸高速鉄道（株））の保有資産です。なお，西代駅は山陽電気鉄道（株）の保有資産です。

3 阪神電気鉄道（株）の阪神なんば線のうち，西九条～大阪難波間（営業キロ3.8km）は第2種鉄道事業であり，同区間における線路及び電路施設，［ ］書きの駅（大阪難波駅は除く。）・変電所は，第3種鉄道事業者（西大阪高速鉄道（株））の保有資産です。なお，大阪難波駅は近畿日本鉄道（株）の保有資産です。

4　神戸高速鉄道㈱の東西線及び南北線は第3種鉄道事業であり、東西線は阪神電気鉄道㈱及び阪急電鉄㈱、南北線は神戸電鉄㈱がそれぞれ第2種鉄道事業を行っています。なお、[　]書きの駅のうち、阪神元町駅は阪神電気鉄道㈱、西代駅は山陽電気鉄道㈱、阪急神戸三宮駅は阪急電鉄㈱、湊川駅は神戸電鉄㈱の保有資産です。

5　駅数・変電所数の [　] は外数です。

b　車両

(国内子会社)

会社名	電動客車(両)	制御(付随)客車(両)	鋼索客車(両)	合計(両)
阪急電鉄㈱	648 [24]	579 [40]	－	1,227 [64]
阪神電気鉄道㈱	255	103	－	358
能勢電鉄㈱	28	24	2	54
北大阪急行電鉄㈱	31	39	－	70

(注) 1　阪急電鉄 (株) は，上記車両のほかに営業に供していない制御貨車4両があります。

2　阪神電気鉄道 (株) は，上記車両のほかに営業に供していない貨車・救援車2両があります。

3　[　] は，外数でリース契約により使用する車両です。

c　車庫及び工場

(国内子会社)

会社名	名称	所在地	建物及び構築物	土地	
			帳簿価額(百万円)	面積(千㎡)	帳簿価額(百万円)
阪急電鉄㈱	西宮車庫	兵庫県西宮市	524	72	5,900
	正雀車庫及び工場	大阪府摂津市	1,760	97	7,820
	平井車庫	兵庫県宝塚市	550	54	2,859
	桂車庫	京都市西京区	322	28	2,223
阪神電気鉄道㈱	尼崎車庫及び工場	兵庫県尼崎市	1,036	54	2,611
	石屋川車庫	神戸市東灘区	407	16	753
能勢電鉄㈱	平野車庫	兵庫県川西市	41	11	483
北大阪急行電鉄㈱	桃山台車庫	大阪府吹田市	912	14 [12]	111

(注) [　] は，外数で賃借土地面積です。

② 自動車事業

イ．バス事業

a 事業所

（国内子会社）

会社名	所在地	建物及び構築物	土地		摘要
		帳簿価額（百万円）	面積（千㎡）	帳簿価額（百万円）	
阪急バス㈱	大阪府豊中市他	2,122	143 [27]	11,319	営業所、車庫施設他
阪神バス㈱	兵庫県尼崎市他	163	58	3,753	営業所、車庫施設他

（注）［　］は，外数で賃借土地面積です。

b 車両（国内子会社）

会社名	乗合（両）	貸切（両）	合計（両）
阪急バス㈱	701 [127]	37	738 [127]
阪神バス㈱	310	14	324

（注）［　］は，外数でリース契約により使用する車両です。

ロ．タクシー業

a 事業所

（国内子会社）

会社名	所在地	建物及び構築物	土地		摘要
		帳簿価額（百万円）	面積（千㎡）	帳簿価額（百万円）	
阪急タクシー㈱	大阪府池田市他	147	15	1,381	事務所、車庫施設他
阪神タクシー㈱	兵庫県西宮市他	267	13 [0]	487	事務所、車庫施設他

（注）［　］は，外数で賃借土地面積です。

b 車両（国内子会社）

会社名	車両数（両）
阪急タクシー㈱	325 [197]
阪神タクシー㈱	207

（注）［　］は，外数でリース契約により使用する車両です。

---

point 事業等のリスク

「対処すべき課題」の次に重要な項目。新規参入により長期的に価格競争が激しくなり企業の体力が奪われるようなことがあるため，その事業がどの程度参入障壁が高く安定したビジネスなのかなど考えるきっかけになる。また，規制や法律，訴訟なども企業によっては大きな問題になる可能性があるため，注意深く読む必要がある。

(3) 不動産事業

① 不動産賃貸事業

(国内子会社)

会社名・事業所名	所在地	建物及び構築物	土地		賃貸可能面積(千㎡)	摘要
		帳簿価額(百万円)	面積(千㎡)	帳簿価額(百万円)		
阪急電鉄㈱						
大阪梅田ツイン タワーズ・ノース	大阪市北区	28,544	10	58,248	213	地下2階地上41階建
阪急三番街	〃	8,522	19	37,704	38	地下2階地上5階建
阪急ターミナルビル	〃	2,246			27	地下4階地上18階建
NU chayamachi	〃	2,741	4	9,192	12	地下2階地上9階建
北阪急ビル	〃	1,696	2	8,879	13	地下3階地上9階建
グランフロント大阪	〃	4,874	2 [1]	7,839	14	地下3階地上38階建
新大阪阪急ビル	大阪市淀川区	5,730	4	3,784	24	地上17階建
宝塚ホテル	兵庫県宝塚市	9,678	8	2,187	23	地下1階地上5階建
阪急西宮ガーデンズ	兵庫県西宮市	12,641	58 [6]	15,012	117	地下1階地上7階建他
神戸三宮阪急ビル	神戸市中央区	18,770	4	2,206	21	地下3階地上29階建他
阪神電気鉄道㈱						
梅田阪神第1ビルディング	大阪市北区	24,637	14	30,285	82	地下5階地上40階建
梅田阪神第2ビルディング	〃	26,660	9	26,065	54	地下4階地上28階建
野田阪神ビルディング	大阪市福島区	5,674	15	8,577	32	地下1階地上10階建
阪急電鉄㈱及び 阪神電気鉄道㈱						
大阪梅田ツイン タワーズ・サウス	大阪市北区	72,112	11	76,492	193	地下3階地上38階建
阪急阪神不動産㈱						
阪急グランドビル	大阪市北区	3,484	7	46,917	36	地下3階地上32階建
阪急ファイブビル	〃	5,661	5	20,576	19	地下3階地上10階建
ナビオ阪急	〃	2,071	3 [0]	6,672	16	地下2階地上10階建
阪急茶屋町ビル	〃	14,260	10 [2]	4,769	52	地下3階地上34階建
ロジスタ・ロジクロス 茨木彩都	大阪府茨木市	10,058	37	1,348	73	地上5階建他
阪急河原町ビル	京都市下京区	1,391	5	4,939	38	地下2階地上7階建
パイロット阪急阪神 グリーンビル	東京都中央区	2,996	1	6,718	8	地下1階地上14階建
阪急阪神銀座ビル	〃	1,585	0	13,912	3	地下1階地上11階建

(注) 1 賃貸可能面積には，公共部に係る面積は含めていません。
2 [ ]は，外数で賃借土地面積です。

② 不動産分譲事業等

(国内子会社)

会社名・事業所名	所在地	建物及び構築物	土地		賃貸可能面積(千㎡)	摘要
		帳簿価額(百万円)	面積(千㎡)	帳簿価額(百万円)		
PT CPM ASSETS INDONESIA						
セントラルパークモール	インドネシア ジャカルタ	15,642	48	36,857	128	地下2階地上10階建他

(注) 賃貸可能面積には，公共部に係る面積は含めていません。

③ ホテル事業

(国内子会社)

会社名・事業所名	所在地	建物及び構築物	土地		摘要
		帳簿価額(百万円)	面積(千㎡)	帳簿価額(百万円)	
㈱阪急阪神ホテルズ					
大阪新阪急ホテル	大阪市北区	1,645	4	9,798	客室961室、宴会場他
千里阪急ホテル	大阪府豊中市	1,379	19	7,353	客室203室、宴会場他
第一ホテル東京	東京都港区	3,142	3	18,083	客室278室、宴会場他
㈱阪神ホテルシステムズ					
ザ・リッツ・カールトン大阪	大阪市北区	740	－	－	客室291室、宴会場他

(4) エンタテインメント事業

① スポーツ事業

(国内子会社)

会社名・事業所名	所在地	建物及び構築物	土地		摘要
		帳簿価額(百万円)	面積(千㎡)	帳簿価額(百万円)	
阪神電気鉄道㈱					
阪神甲子園球場	兵庫県西宮市	11,784	96	38,181	収容人員 47,400人

② ステージ事業

(国内子会社)

会社名・事業所名	所在地	建物及び構築物	土地		摘要
		帳簿価額(百万円)	面積(千㎡)	帳簿価額(百万円)	
阪急電鉄㈱					
宝塚大劇場 宝塚バウホール	兵庫県宝塚市	4,631	30	7,858	客席数 2,550席 客席数 526席

point 財政状態，経営成績及びキャッシュ・フローの状況の分析

「事業等の概要」の内容などをこの項目で詳しく説明している場合があるため，この項目も非常に重要。自社が事業を行っている市場は今後も成長するのか，それは世界のどの地域なのか，今社会の流れはどうなっていて，それに対して売上を伸ばすために何をしているのか，収益を左右する費用はなにか，などとても有益な情報が多い。

(5) 情報・通信事業

（国内子会社）

会社名	所在地	建物及び構築物	土地		摘要
		帳簿価額（百万円）	面積（千㎡）	帳簿価額（百万円）	
㈱ベイ・コミュニケーションズ	大阪市福島区他	5,480	－	－	ケーブルテレビ設備他

(6) 旅行事業

（国内子会社）

会社名	所在地	建物及び構築物	土地		摘要
		帳簿価額（百万円）	面積（千㎡）	帳簿価額（百万円）	
㈱阪急交通社	東京都港区他	801	0	1,243	事務所他

(7) 国際輸送事業

（国内子会社）

会社名	所在地	建物及び構築物	土地		摘要
		帳簿価額（百万円）	面積（千㎡）	帳簿価額（百万円）	
㈱阪急阪神エクスプレス	東京都港区他	1,804	14 [6]	2,038	事務所、倉庫他

（注）［ ］は，外数で賃借土地面積です。

point 設備投資等の概要

セグメントごとの設備投資額を公開している。多くの企業にとって設備投資は競争力向上・維持のために必要不可欠だ。企業は売上の数％など一定の水準を設定して毎年設備への投資を行う。半導体などのテクノロジー関連企業は装置産業であり，技術発展がスピードが速いため，常に多額の設備投資を行う宿命にある。

3　設備の新設，除却等の計画

(1)　重要な設備の新設等

セグメントの名称	会社名・設備の内容	投資予定額		資金調達方法	工事着手年月	取得・完成予定年月
		総額（百万円）	既支払額（百万円）			
都市交通	（国内子会社） 阪急電鉄㈱ 京都線・千里線淡路駅付近連続立体交差化	19,682	11,940	自己資金及び借入金	2008年9月	2032年3月
	阪神電気鉄道㈱ 本線住吉～芦屋間高架化	11,925	11,690	自己資金及び借入金	1992年4月	2026年3月
	梅田駅改良	8,300	7,624	自己資金及び借入金	2015年3月	2024年春頃
	淀川橋梁改築	3,214	939	自己資金及び借入金	2018年12月	2032年夏頃
	北大阪急行電鉄㈱ 北大阪急行線延伸	11,000	5,570	借入金	2017年2月	2024年3月
不動産	（国内子会社） 阪急電鉄㈱ うめきた2期地区開発事業「グラングリーン大阪」	未定	32,532	自己資金及び借入金	2020年12月	2027年度
	阪急阪神不動産㈱ 八重洲二丁目中地区第一種市街地再開発事業	未定	15,387	自己資金及び借入金	2024年度	2028年度
	ホテルグランドパレス跡地計画	未定	6,549	自己資金及び借入金	未定	未定
エンタテインメント	（国内子会社） 阪神電気鉄道㈱ 阪神タイガースファーム施設移転計画	15,900	364	自己資金及び借入金	2023年3月	2025年1月
国際輸送	（国内子会社） ㈱阪急阪神エクスプレス グローバル共通基幹システム	2,909	1,904	自己資金	2020年10月	2024年1月

(注) 建設工事費が確定していない計画については、投資予定額を未定としています。

(2)　重要な設備の除却等

当連結会計年度末現在における重要な設備の除却等の計画はありません。

(2)　重要な設備の除却等

当連結会計年度末現在における重要な設備の除却等の計画はありません。

---

point　主要な設備の状況

「設備投資等の概要」では各セグメントの1年間の設備投資金額のみの掲載だが，ここではより詳細に，現在セグメント別，または各子会社が保有している土地，建物，機械装置の金額が合計でどれくらいなのか知ることができる。

提出会社の状況

1　株式等の状況

（1）　株式の総数等

①　株式の総数

種類	発行可能株式総数（株）
普通株式	640,000,000
合計	640,000,000

②　発行済株式

種類	事業年度末現在 発行数(株) (2023年3月31日)	提出日現在 発行数(株) (2023年6月19日)	上場金融商品取引所名 又は 登録認可金融商品 取引業協会名	内容
普通株式	254,281,385	254,281,385	東京証券取引所 プライム市場	単元株式数は100株です。
合計	254,281,385	254,281,385	－	－

経理の状況

1　連結財務諸表及び財務諸表の作成方法について

(1)　当社の連結財務諸表は，「連結財務諸表の用語，様式及び作成方法に関する規則」(昭和51年大蔵省令第28号) に基づいて作成しています。

(2)　当社の財務諸表は，「財務諸表等の用語，様式及び作成方法に関する規則」(昭和38年大蔵省令第59号。以下「財務諸表等規則」という。) に基づいて作成しています。

また，当社は，特例財務諸表提出会社に該当し，財務諸表等規則第127条の規定により財務諸表を作成しています。

2　監査証明について

当社は，金融商品取引法第193条の2第1項の規定に基づき，連結会計年度(2022年4月1日から2023年3月31日まで)の連結財務諸表及び事業年度(2022年4月1日から2023年3月31日まで) の財務諸表について，有限責任 あずさ監査法人による監査を受けています。

3　連結財務諸表等の適正性を確保するための特段の取組について

当社は、連結財務諸表等の適正性を確保するための特段の取組を行っています。具体的には、会計基準等の内容を適切に把握し、又は会計基準等の変更等について的確に対応することができる体制を整備するため、関連書籍の定期購読のほか、公益財団法人財務会計基準機構への加入並びに同機構及び監査法人等が主催するセミナーへの参加等の取組を行っています。また、連結決算に関して、グループ共通の作成要領等を整備するとともに、関係会社の経理担当者を対象とした研修等を実施しています。

1　連結財務諸表等

(1)　連結財務諸表

①　連結貸借対照表

（単位：百万円）

	前連結会計年度 (2022年3月31日)	当連結会計年度 (2023年3月31日)
資産の部		
流動資産		
現金及び預金	31,331	42,876
受取手形及び売掛金	※1 112,568	※1 120,067
販売土地及び建物	166,331	193,607
商品及び製品	2,372	2,897
仕掛品	2,131	2,461
原材料及び貯蔵品	5,464	5,790
その他	46,018	61,237
貸倒引当金	△408	△856
流動資産合計	365,811	428,082
固定資産		
有形固定資産		
建物及び構築物（純額）	※4 646,407	※4 633,990
機械装置及び運搬具（純額）	※4 60,314	※4 57,804
土地	※4, ※6 973,012	※4, ※6 1,010,609
建設仮勘定	218,215	252,908
その他（純額）	※4 25,023	※4 25,678
有形固定資産合計	※2, ※3 1,922,974	※2, ※3 1,980,991
無形固定資産		
のれん	9,655	7,334
その他	※3, ※4 27,856	※3, ※4 28,155
無形固定資産合計	37,512	35,489
投資その他の資産		
投資有価証券	※4, ※5 316,231	※4, ※5 342,659
繰延税金資産	7,218	7,272
退職給付に係る資産	18,505	18,590
その他	※4 54,917	※4 52,583
貸倒引当金	△329	△258
投資その他の資産合計	396,544	420,846
固定資産合計	2,357,030	2,437,328
資産合計	2,722,841	2,865,410

(単位：百万円)

	前連結会計年度 (2022年3月31日)	当連結会計年度 (2023年3月31日)
負債の部		
流動負債		
支払手形及び買掛金	40,699	42,024
未払費用	16,853	23,182
短期借入金	※4 145,737	※4 187,982
コマーシャル・ペーパー	50,000	10,000
1年内償還予定の社債	7,000	30,000
リース債務	3,834	4,251
未払法人税等	6,380	10,029
賞与引当金	3,682	4,337
その他	※1,※4 152,471	※1,※4 187,877
流動負債合計	426,659	499,684
固定負債		
長期借入金	※4 649,476	※4 634,613
社債	230,000	230,000
リース債務	9,916	9,503
繰延税金負債	176,516	181,831
再評価に係る繰延税金負債	※6 5,182	※6 5,182
退職給付に係る負債	62,795	61,916
長期前受工事負担金	117,561	132,580
その他	129,369	129,156
固定負債合計	1,380,818	1,384,785
負債合計	1,807,477	1,884,470
純資産の部		
株主資本		
資本金	99,474	99,474
資本剰余金	147,358	147,343
利益剰余金	645,212	680,040
自己株式	△48,713	△48,748
株主資本合計	843,332	878,110
その他の包括利益累計額		
その他有価証券評価差額金	18,756	20,930
繰延ヘッジ損益	7	△78
土地再評価差額金	※6 5,499	※6 5,499
為替換算調整勘定	435	908
退職給付に係る調整累計額	2,317	1,433
その他の包括利益累計額合計	27,016	28,692
非支配株主持分	※6 45,014	※6 74,137
純資産合計	915,363	980,940
負債純資産合計	2,722,841	2,865,410

②　連結損益計算書及び連結包括利益計算書

連結損益計算書

（単位：百万円）

	前連結会計年度 （自　2021年4月 1日 至　2022年3月31日）	当連結会計年度 （自　2022年4月 1日 至　2023年3月31日）
営業収益	※1 746,217	※1 968,300
営業費		
運輸業等営業費及び売上原価	679,865	849,136
販売費及び一般管理費	※2 27,139	※2 29,813
営業費合計	※3 707,005	※3 878,949
営業利益	39,212	89,350
営業外収益		
受取利息	179	314
受取配当金	928	957
持分法による投資利益	7,167	8,325
雑収入	2,609	2,547
営業外収益合計	10,885	12,145
営業外費用		
支払利息	8,516	8,768
固定資産除却損	1,034	1,784
雑支出	2,097	2,510
営業外費用合計	11,648	13,063
経常利益	38,450	88,432
特別利益		
工事負担金等受入額	28,239	2,530
固定資産売却益	※4 366	※4 1,394
投資有価証券売却益	3,702	1,942
その他	10,661	2,060
特別利益合計	42,969	7,927
特別損失		
固定資産圧縮損	28,302	4,986
減損損失	※5 631	※5 12,672
その他	13,892	3,689
特別損失合計	42,827	21,348
税金等調整前当期純利益	38,592	75,012
法人税、住民税及び事業税	9,963	18,249
法人税等調整額	3,292	5,173
法人税等合計	13,256	23,422
当期純利益	25,335	51,589
非支配株主に帰属する当期純利益	3,916	4,636
親会社株主に帰属する当期純利益	21,418	46,952

連結包括利益計算書

（単位：百万円）

	前連結会計年度 （自　2021年4月 1日 至　2022年3月31日）	当連結会計年度 （自　2022年4月 1日 至　2023年3月31日）
当期純利益	25, 335	51, 589
その他の包括利益		
その他有価証券評価差額金	△8, 633	1, 860
繰延ヘッジ損益	4	△86
為替換算調整勘定	2, 191	△1, 340
退職給付に係る調整額	△1, 754	△759
持分法適用会社に対する持分相当額	108	727
その他の包括利益合計	※1 △8, 084	※1 402
包括利益	17, 251	51, 991
（内訳）		
親会社株主に係る包括利益	15, 837	48, 955
非支配株主に係る包括利益	1, 413	3, 036

③　連結株主資本等変動計算書

前連結会計年度（自　2021年4月1日　至　2022年3月31日）

（単位：百万円）

	株主資本				
	資本金	資本剰余金	利益剰余金	自己株式	株主資本合計
当期首残高	99,474	146,772	636,095	△48,701	833,640
会計方針の変更による累積的影響額			△277		△277
会計方針の変更を反映した当期首残高	99,474	146,772	635,818	△48,701	833,363
当期変動額					
剰余金の配当			△12,126		△12,126
親会社株主に帰属する当期純利益			21,418		21,418
土地再評価差額金の取崩			8		8
自己株式の取得				△47	△47
自己株式の処分			△0	36	36
非支配株主との取引に係る親会社の持分変動		465			465
連結子会社の自己株式の取得による持分の増減					－
連結子会社の増資による持分の増減		122			122
連結範囲の変動		△0	93		92
持分法適用会社に対する持分変動に伴う自己株式の増減				△0	△0
株主資本以外の項目の当期変動額（純額）					
当期変動額合計	－	586	9,394	△12	9,969
当期末残高	99,474	147,358	645,212	△48,713	843,332

	その他の包括利益累計額						非支配株主持分	純資産合計
	その他有価証券評価差額金	繰延ヘッジ損益	土地再評価差額金	為替換算調整勘定	退職給付に係る調整累計額	その他の包括利益累計額合計		
当期首残高	24,600	3	5,483	△615	4,038	33,511	42,834	909,985
会計方針の変更による累積的影響額						－	△7	△284
会計方針の変更を反映した当期首残高	24,600	3	5,483	△615	4,038	33,511	42,826	909,701
当期変動額								
剰余金の配当								△12,126
親会社株主に帰属する当期純利益								21,418
土地再評価差額金の取崩								8
自己株式の取得								△47
自己株式の処分								36
非支配株主との取引に係る親会社の持分変動								465
連結子会社の自己株式の取得による持分の増減								－
連結子会社の増資による持分の増減								122
連結範囲の変動								92
持分法適用会社に対する持分変動に伴う自己株式の増減								△0
株主資本以外の項目の当期変動額（純額）	△5,843	3	15	1,050	△1,721	△6,494	2,188	△4,306
当期変動額合計	△5,843	3	15	1,050	△1,721	△6,494	2,188	5,662
当期末残高	18,756	7	5,499	435	2,317	27,016	45,014	915,363

当連結会計年度（自　2022年4月1日　至　2023年3月31日）

（単位：百万円）

	株主資本				
	資本金	資本剰余金	利益剰余金	自己株式	株主資本合計
当期首残高	99,474	147,358	645,212	△48,713	843,332
会計方針の変更による累積的影響額					－
会計方針の変更を反映した当期首残高	99,474	147,358	645,212	△48,713	843,332
当期変動額					
剰余金の配当			△12,125		△12,125
親会社株主に帰属する当期純利益			46,952		46,952
土地再評価差額金の取崩			0		0
自己株式の取得				△53	△53
自己株式の処分		0		101	101
非支配株主との取引に係る親会社の持分変動		11			11
連結子会社の自己株式の取得による持分の増減		△26			△26
連結子会社の増資による持分の増減					－
連結範囲の変動					－
持分法適用会社に対する持分変動に伴う自己株式の増減				△82	△82
株主資本以外の項目の当期変動額（純額）					
当期変動額合計	－	△15	34,827	△34	34,777
当期末残高	99,474	147,343	680,040	△48,748	878,110

	その他の包括利益累計額						非支配株主持分	純資産合計
	その他有価証券評価差額金	繰延ヘッジ損益	土地再評価差額金	為替換算調整勘定	退職給付に係る調整累計額	その他の包括利益累計額合計		
当期首残高	18,756	7	5,499	435	2,317	27,016	45,014	915,363
会計方針の変更による累積的影響額						－		－
会計方針の変更を反映した当期首残高	18,756	7	5,499	435	2,317	27,016	45,014	915,363
当期変動額								
剰余金の配当								△12,125
親会社株主に帰属する当期純利益								46,952
土地再評価差額金の取崩								0
自己株式の取得								△53
自己株式の処分								101
非支配株主との取引に係る親会社の持分変動								11
連結子会社の自己株式の取得による持分の増減								△26
連結子会社の増資による持分の増減								－
連結範囲の変動								－
持分法適用会社に対する持分変動に伴う自己株式の増減								△82
株主資本以外の項目の当期変動額（純額）	2,173	△86	△0	473	△884	1,676	29,122	30,798
当期変動額合計	2,173	△86	△0	473	△884	1,676	29,122	65,576
当期末残高	20,930	△78	5,499	908	1,433	28,692	74,137	980,940

④ 連結キャッシュ・フロー計算書

（単位：百万円）

	前連結会計年度 （自 2021年4月 1日 至 2022年3月31日）	当連結会計年度 （自 2022年4月 1日 至 2023年3月31日）
営業活動によるキャッシュ・フロー		
税金等調整前当期純利益	38,592	75,012
減価償却費	※2 59,945	※2 62,223
減損損失	631	12,672
のれん償却額	2,366	2,326
持分法による投資損益（△は益）	△7,167	△8,325
退職給付に係る負債の増減額（△は減少）	△1,242	△2,105
貸倒引当金の増減額（△は減少）	128	377
受取利息及び受取配当金	△1,108	△1,272
支払利息	8,516	8,768
固定資産圧縮損	28,302	4,986
固定資産売却損益（△は益）	△290	△1,394
工事負担金等受入額	△28,239	△2,530
投資有価証券売却損益（△は益）	△3,680	△1,937
売上債権の増減額（△は増加）	△38,870	△7,652
棚卸資産の増減額（△は増加）	△2,560	△29,286
仕入債務の増減額（△は減少）	11,561	1,308
その他	13,433	41,781
小計	80,318	154,951
利息及び配当金の受取額	3,148	3,795
利息の支払額	△8,557	△8,626
法人税等の支払額又は還付額（△は支払）	6,934	△18,029
営業活動によるキャッシュ・フロー	81,844	132,091
投資活動によるキャッシュ・フロー		
固定資産の取得による支出	△131,491	△92,775
固定資産の売却による収入	681	320
投資有価証券の取得による支出	△5,142	△21,672
投資有価証券の売却による収入	9,187	4,733
連結の範囲の変更を伴う子会社株式の取得による支出	－	※3 △28,636
工事負担金等受入による収入	31,242	22,680
その他	△920	2,132
投資活動によるキャッシュ・フロー	△96,442	△113,216
財務活動によるキャッシュ・フロー		
短期借入金の純増減額（△は減少）	△14,797	5,180
コマーシャル・ペーパーの純増減額（△は減少）	20,000	△40,000
長期借入れによる収入	30,360	60,210
長期借入金の返済による支出	△44,971	△54,337
社債の発行による収入	49,712	29,841
社債の償還による支出	△10,000	△7,000
自己株式の取得による支出	△47	△53
配当金の支払額	△12,126	△12,125
非支配株主への配当金の支払額	△564	△853
連結子会社設立に伴う非支配株主からの払込みによる収入	－	14,756
その他	△2,424	△4,600
財務活動によるキャッシュ・フロー	15,141	△8,981
現金及び現金同等物に係る換算差額	1,441	1,904
現金及び現金同等物の増減額（△は減少）	1,983	11,797
現金及び現金同等物の期首残高	25,222	29,422
新規連結に伴う現金及び現金同等物の増加額	2,215	－
非連結子会社との合併に伴う現金及び現金同等物の増加額	－	155
現金及び現金同等物の期末残高	※1 29,422	※1 41,375

point 設備の新設，除却等の計画

ここでは今後，会社がどの程度の設備投資を計画しているか知ることができる。毎期どれくらいの設備投資を行っているか確認すると，技術等での競争力維持に積極的な姿勢かどうか，どのセグメントを重要視しているか分かる。また景気が悪化したときは設備投資額を減らす傾向にある。

【注記事項】
（連結財務諸表作成のための基本となる重要な事項）

1　連結の範囲に関する事項

(1)　連結子会社の数及び主要な連結子会社の名称

連結子会社の数　　99社

主要な連結子会社の名称は、「第1　企業の概況」の「4　関係会社の状況」に記載しているため省略しています。

なお，当連結会計年度より，CPM Assets Japan合同会社については，会社設立したことにより，PT CPM ASSETS INDONESIAについては，株式取得により，連結の範囲に含めています。

また，当連結会計年度において，阪急観光バス（株）は，2022年7月1日付で大阪空港交通（株）を存続会社とする吸収合併に伴い消滅したことにより，連結の範囲から除外しています。なお，存続会社である大阪空港交通（株）は，同日付で阪急観光バス（株）に商号変更しています。

(2)　主要な非連結子会社の名称等

（株）阪急メディアックス

非連結子会社は，総資産，売上高，当期純損益（持分に見合う額）及び利益剰余金（持分に見合う額）等に関してその合計額でいずれも小規模であり，全体として連結財務諸表に重要な影響を及ぼさないため，連結の範囲から除外しています。

2　持分法の適用に関する事項

(1)　持分法を適用した関連会社の数及び主要な会社の名称

持分法を適用した関連会社の数　　10社

主要な会社の名称は，「第1　企業の概況」の「4　関係会社の状況」に記載しているため省略しています。

なお，当連結会計年度において，（株）日経カルチャーについては，清算結了したことにより，持分法の適用範囲から除外しています。

---

point **株式の総数等**

発行可能株式総数とは，会社が発行することができる株式の総数のことを指す。役員会では，株主総会の了承を得ないで，必要に応じてその株数まで，株を発行することができる。敵対的TOBでは，経営陣が，自社をサポートしてくれる側に，新株を第三者割り当てで発行して，買収を防止することがある。

(2) 持分法を適用していない非連結子会社及び関連会社の名称等

持分法を適用していない非連結子会社（(株) 阪急メディアックス他）及び関連会社（オーエス（株）他）は，当期純損益（持分に見合う額）及び利益剰余金（持分に見合う額）等に関してその合計額でいずれも小規模であり，全体として連結財務諸表に重要な影響を及ぼさないため，持分法を適用せず原価法によっています。

3 連結子会社の事業年度等に関する事項

連結子会社のうち，PT CPM ASSETS INDONESIA，HANKYU HANSHIN EXPRESS（USA）INC.他24社の決算日は12月31日であり，(株) 日本プロテックの決算日は1月31日です。なお，連結財務諸表の作成にあたっては各社の決算日に基づく財務諸表を使用し，連結決算日との間に生じた重要な取引については，連結上必要な調整を行っています。

4 会計方針に関する事項

(1) 重要な資産の評価基準及び評価方法

① 有価証券

その他有価証券

a 市場価格のない株式等以外のもの

時価法によっています（評価差額は全部純資産直入法により処理し、売却原価は移動平均法により算定しています。)。

b 市場価格のない株式等

移動平均法による原価法によっています。ただし，投資事業有限責任組合及びそれに類する組合への出資については，当該組合の財産の持分相当額を計上しています。

② デリバティブ

時価法によっています。

③ 棚卸資産

a 販売土地及び建物

---

point 連結財務諸表等

ここでは主に財務諸表の作成方法についての説明が書かれている。企業は大蔵省が定めた規則に従って財務諸表を作るよう義務付けられている。また金融商品法に従い，作成した財務諸表がどの監査法人によって監査を受けているかも明記されている。

主として個別法による原価法によっています（貸借対照表価額については収益性の低下に基づく簿価切下げの方法によっています。）。

b　その他の棚卸資産

主として移動平均法による原価法によっています（貸借対照表価額については収益性の低下に基づく簿価切下げの方法によっています。）。

(2)　重要な減価償却資産の減価償却の方法

①　有形固定資産（リース資産を除く。）

当社及び国内連結子会社

a　鉄道事業の取替資産

取替法（主として定率法）によっています。

b　その他の有形固定資産

主として定率法によっていますが，一部については定額法を採用しています。

ただし，上記a及びbのうち，1998年4月1日以降に取得した建物（建物附属設備を除く。）並びに2016年4月1日以降に取得した建物附属設備及び構築物については，定額法を採用しています。

在外連結子会社

主として定額法によっています。

②　無形固定資産（リース資産を除く。）

定額法によっています。なお、ソフトウェア（自社利用分）については、社内における利用可能期間（主として5年）に基づく定額法を採用しています。

③　リース資産

リース期間を耐用年数とし、残存価額を零（残価保証の取り決めがある場合は残価保証額）とする定額法によっています。

(3)　重要な引当金の計上基準

①　貸倒引当金

貸付金等債権の貸倒れによる損失に備えるため、一般債権については貸倒実績

---

point　連結財務諸表

ここでは貸借対照表（またはバランスシート，BS），損益計算書（PL），キャッシュフロー計算書の詳細を調べることができる。あまり会計に詳しくない場合は，最低限，損益計算書の売上と営業利益を見ておけばよい。可能ならば，その数字が過去5年，10年の間にどのように変化しているか調べると会社への理解が深まるだろう。

率により、貸倒懸念債権等特定の債権については、個別に回収可能性を検討し、回収不能見込額を計上しています。

② 賞与引当金

従業員に対する賞与支給に備えるため、支給見込額に基づき、当連結会計年度負担額を計上しています。

(4) 退職給付に係る会計処理の方法

退職給付債務の算定にあたり、退職給付見込額を当連結会計年度末までの期間に帰属させる方法については、給付算定式基準によっています。

過去勤務費用については、発生時における従業員の平均残存勤務期間以内の一定の年数（主として10年）による定額法により費用処理しています。

数理計算上の差異については、各連結会計年度の発生時における従業員の平均残存勤務期間以内の一定の年数（主として10年）による定額法により按分した額をそれぞれ発生の翌連結会計年度から費用処理しています。

(5) 重要な収益及び費用の計上基準

当社及び連結子会社の顧客との契約から生じる収益に関する主要な事業における主な履行義務の内容及び当該履行義務を充足する通常の時点（収益を認識する通常の時点）は以下のとおりです。

① 都市交通事業

鉄道事業

鉄道事業は、主に鉄道の輸送サービスを提供する事業であり、定期外収入や定期収入が生じています。定期外収入は、切符やICカード乗車券の利用などによる運輸収入です。定期外収入については、顧客に輸送サービスを提供した時点で履行義務が充足されると判断し、当該時点において収益を認識しています。定期収入については、定期券の有効期間にわたって履行義務が充足されると判断し、有効期間に応じて収益を認識しています。

自動車事業

自動車事業は、主に路線バス、空港リムジンバス、高速バスの運送サービスを提供する事業であり、定期外収入や定期収入が生じています。定期外収入は、現金売上やICカード乗車券の利用などによる運送収入です。定期外収入については、顧客に運送サービスを提供した時点で履行義務が充足されると判断し、当該時点において収益を認識しています。定期収入については、定期券の有効期間にわたって履行義務が充足されると判断し、有効期間に応じて収益を認識しています。

流通事業

流通事業は、主に駅ナカ店舗にて商品を販売する事業です。当該商品販売については、顧客に商品を引き渡した時点で収益を認識しています。なお、商品販売のうち、当社グループが代理人に該当すると判断したものについては、顧客から受け取る額から仕入先に支払う額を控除した純額で収益を認識しています。

② 不動産事業

賃貸事業

賃貸事業は、主に大阪市北区その他の地域において、保有するオフィスビル及び商業施設等を賃貸する事業です。当該不動産の賃貸による収益は、リース取引に関する会計基準に従い、賃貸借契約期間にわたって「その他の源泉から生じる収益」として収益を認識しています。

分譲・その他事業

分譲・その他事業は、主に用地の仕入から施工まで行ったマンションの各分譲住戸及び戸建住宅（土地付き建物）、宅地等を顧客に販売する事業であり、顧客との不動産売買契約に基づき当該物件の引き渡しを行う義務を負っています。当該履行義務については、顧客に物件を引き渡した時点で充足されると判断し、当該引渡時点において収益を認識しています。

ホテル事業

ホテル事業は，主に直営ホテルにおいて宿泊，宴会，レストランに関するサービスを顧客に提供する事業です。当該サービスについては，顧客にサービスを提供した時点で履行義務が充足されると判断し，当該時点において収益を認識しています。

③　エンタテインメント事業

スポーツ事業

a　プロ野球の興行

プロ野球の興行は、阪神タイガースの主催試合に係るチケットを顧客に販売し、主に阪神甲子園球場において主催試合を開催する事業です。当該サービスについては、主催試合が成立した時点で履行義務が充足されると判断し、当該時点において収益を認識しています。

b　広告看板

広告看板は、顧客である広告主からの依頼に基づき、阪神甲子園球場の看板等に広告を掲載する事業です。当該サービスについては、広告を掲載することで履行義務が充足されると判断し、広告の掲載期間にわたって収益を認識しています。

c　飲食物・グッズ販売

飲食物・グッズ販売は、主に阪神甲子園球場において飲食物やタイガースグッズ等を販売する事業です。当該商品販売については、顧客に商品を引き渡した時点で収益を認識しています。なお、商品販売のうち、当社グループが代理人に該当すると判断したものについては、顧客から受け取る額から仕入先に支払う額を控除した純額で収益を認識しています。

ステージ事業

a　宝塚歌劇の興行

宝塚歌劇の興行は、宝塚歌劇の公演に係るチケットを顧客に販売し、主に宝塚大劇場や東京宝塚劇場において公演を実施する事業です。当該サービスについては、公演を実施した時点で履行義務が充足されると判断し、当該時点において収益を認識しています。

b　飲食物・グッズ販売

飲食物・グッズ販売は、主に宝塚大劇場において飲食物や歌劇関連商品を販売する事業です。当該商品販売については、顧客に商品を引き渡した時点で収益を認識しています。

④　情報・通信事業

情報サービス事業

a　ソフトウェア開発受託

ソフトウェア開発受託は、顧客との契約に基づき、ソフトウェアの企画、設計、開発を行う事業であり、顧客に当該ソフトウェアを納品する義務を負っています。当該契約については、主に一定期間にわたり履行義務が充足されるものであり、履行義務の充足に係る進捗度に基づき収益を認識しています。進捗度の測定は、各報告期間の期末日までに発生した原価が、予想される原価の合計に占める割合に基づいて行っています。

b　システム運用・保守サービス

システム運用・保守サービスは、主にシステム納入先である顧客に一定期間のソフトウェアの運用・保守サービスを提供する事業です。当該サービスについては、一定期間にわたり履行義務が充足されると判断し、顧客との契約期間にわたって収益を認識しています。

放送・通信事業

放送・通信事業は、主にインターネットやケーブルテレビ放送、固定電話サービスを提供する事業です。当該サービスについては、一定期間にわたり履行義務が充足されると判断し、顧客との契約期間にわたって収益を認識しています。

⑤　旅行事業

旅行事業は、主に募集型企画旅行を実施する事業です。当該サービスについては、旅行が終了した時点で履行義務が充足されると判断し、当該時点において収益を認識しています。

⑥　国際輸送事業

国際輸送事業は、主に国際物流において利用運送を実施する事業です。輸出については、航空機等に貨物を搭載した時点で、輸入については、配達した時点でそれぞれ履行義務が充足されると判断し、当該時点において収益を認識しています。

(6)　重要な外貨建の資産又は負債の本邦通貨への換算の基準

在外子会社の資産及び負債は、決算期末日の直物為替相場により円貨に換算し、収益及び費用は期中平均為替相場により円貨に換算し、換算差額は純資産の部における「為替換算調整勘定」及び「非支配株主持分」に含めています。

(7)　重要なヘッジ会計の方法

①　ヘッジ会計の方法

繰延ヘッジ処理を行っています。なお、特例処理の適用条件を満たす金利スワップについては特例処理を、振当処理の適用条件を満　たす為替予約が付されている外貨建金銭債権債務等については振当処理を行っています。

②　ヘッジ手段とヘッジ対象

主なヘッジ手段とヘッジ対象は次のとおりです。

a　ヘッジ手段…為替予約，通貨スワップ，通貨オプション
　ヘッジ対象…外貨建金銭債権債務及び外貨建予定取引

b　ヘッジ手段…金利スワップ，金利オプション
　ヘッジ対象…借入金及び社債

③　ヘッジ方針

当社グループは通常業務を遂行する上で為替変動リスク及び金利変動リスクに晒されており，このリスクをヘッジする手段としてデリバティブ取引を行っています。

④　ヘッジ有効性評価の方法

有効性が明らかに認められる場合を除き，半期毎に比率分析の手法を用いて実施しています。

⑤　その他リスク管理方法のうちヘッジ会計に係るもの

デリバティブ取引の利用に関して，事務分掌及び取引限度額等を定めた内部規程等を設定しており，当該規程に基づいてデリバティブ取引を利用しています。デリバティブ取引の執行・管理は，グループ各社における経理担当部門が各社決裁担当者の承認を得て行い，さらに内部統制組織を構築して契約締結業務及び解約業務が当該規程に準拠しているか否かの審査を実施しています。

(8) のれんの償却方法及び償却期間

原則として5年間の均等償却を行っています。なお，2006年度の阪神電気鉄道(株)との経営統合により発生したのれんについては，20年間の均等償却を行っています。

(9) 連結キャッシュ・フロー計算書における資金の範囲

連結キャッシュ・フロー計算書における資金(現金及び現金同等物)は，手許現金，随時引き出し可能な預金及び容易に換金可能であり，かつ価値の変動について僅少なリスクしか負わない取得日から3ヶ月以内に償還期限の到来する短期投資からなります。

(10) その他連結財務諸表作成のための重要な事項

① 鉄道事業における工事負担金等の会計処理

鉄道事業における連続立体交差化工事等を行うにあたり、地方公共団体等から工事費の一部として、工事負担金等を受け入れています。この工事負担金等を受けて取得した固定資産については、工事完成時に当該工事負担金等相当額を取得原価から直接減額して計上しています。

なお、連結損益計算書については、工事負担金等受入額を特別利益に計上するとともに、固定資産の取得原価から直接減額した工事負担金等相当額を固定資産圧縮損として特別損失に計上しています。

② グループ通算制度の適用

連グループ通算制度を適用しています。

(重要な会計上の見積り)

前連結会計年度(自　2021年4月1日　至　2022年3月31日)

会計上の見積りは、連結財務諸表作成時に入手可能な情報に基づいて合理的な金額を算出しています。当連結会計年度の連結財務諸表に計上した金額が会計上の見積りによるもののうち、翌連結会計年度の連結財務諸表に重要な影響を及ぼすリスクがある項目は以下のとおりです。

1　繰延税金資産の回収可能性

(1)　当連結会計年度の連結財務諸表に計上した金額

繰延税金資産　59,531百万円（繰延税金負債との相殺前金額）

(2)　会計上の見積りの内容について連結財務諸表利用者の理解に資するその他の情報

①　当連結会計年度の連結財務諸表に計上した金額の算出方法

「繰延税金資産の回収可能性に関する適用指針」（企業会計基準適用指針第26号）に従い、中期経営計画により見積られた将来の課税所得等に基づき、繰延税金資産を計上しています。

②　当連結会計年度の連結財務諸表に計上した金額の算出に用いた主要な仮定

将来の課税所得の見積りは、中期経営計画を基礎としています。なお、新型コロナウイルスの影響を会計上の見積りに反映するにあたり、次のような仮定を置いています。当社グループに影響する社会経済活動は、大別すると以下の3ステップを経て徐々に回復していくとみています。

第1ステップ（～2022年9月）：国内で近場での移動から人の往来が再開し、徐々に遠方へも含め復していくとともに、フィジカル・ディスタンスの影響も次第に緩和されていく。

第2ステップ（2022年10月～2023年9月）：人の往来が日本国内だけでなく、世界全体で起こり、徐々に復していく。

第3ステップ（2023年10月～）：新型コロナウイルスの影響が一応収束し、国内外の経済活動が相当程度回復する。

なお、当社グループを取り巻く事業環境は、第3ステップに至ったとしてもコロナ前の状態に完全に復するわけではないとみています。

③　翌連結会計年度の連結財務諸表に与える影響

課税所得が生じる時期及び金額は、今後の新型コロナウイルスの感染状況に加え、他の将来の不確実な経済状況の変動によって影響を受ける可能性があり、実際に生じた時期及び金額が見積りと異なった場合には、回収可能であると判断される繰延税金資産の金額が変動し、翌連結会計年度の連結財務諸表に重要な影響を及ぼす可能性があります。

当連結会計年度（自　2022年4月1日　至　2023年3月31日）

会計上の見積りは、連結財務諸表作成時に入手可能な情報に基づいて合理的な金額を算出しています。

当連結会計年度の連結財務諸表に計上した金額が会計上の見積りによるもののうち、翌連結会計年度の連結財務諸表に重要な影響を及ぼすリスクがある項目は以下のとおりです。

繰延税金資産の回収可能性

(1)　当連結会計年度の連結財務諸表に計上した金額

繰延税金資産　51,049百万円（繰延税金負債との相殺前金額）

(2)　会計上の見積りの内容について連結財務諸表利用者の理解に資するその他の情報

①　当連結会計年度の連結財務諸表に計上した金額の算出方法

「繰延税金資産の回収可能性に関する適用指針」（企業会計基準適用指針第26号）に従い、中期経営計画により見積られた将来の課税所得等に基づき、繰延税金資産を計上しています。

②　当連結会計年度の連結財務諸表に計上した金額の算出に用いた主要な仮定

将来の課税所得の見積りは、中期経営計画を基礎としています。なお、新型コロナウイルスの影響を会計上の見積りに反映するにあたり、次のような仮定を置いています。

当社グループに影響する社会経済活動は、大別すると以下の３ステップを経て徐々に回復していくとみています。

第1ステップ（～2022年9月）：国内で近場での移動から人の往来が再開し、徐々に遠方へも含め復していくとともに、フィジカル・ディスタンスの影響も次第に緩和されていく。

第２ステップ（2022年10月～2023年９月）：人の往来が日本国内だけでなく、世界全体で起こり、徐々に復していく。

第３ステップ（2023年10月～）：新型コロナウイルスの影響が一応収束し、

国内外の経済活動が相当程度回復する。

なお、当社グループを取り巻く事業環境は、第3ステップに至ったとしてもコロナ前の状態に完全に復するわけではないとみています。

③ 翌連結会計年度の連結財務諸表に与える影響

課税所得が生じる時期及び金額は、今後の新型コロナウイルスの感染状況に加え、他の将来の不確実な経済状況の変動によって影響を受ける可能性があり、実際に生じた時期及び金額が見積りと異なった場合には、回収可能であると判断される繰延税金資産の金額が変動し、翌連結会計年度の連結財務諸表に重要な影響を及ぼす可能性があります。

2 固定資産の減損

(1) 当連結会計年度の連結財務諸表に計上した金額

「注記事項（連結損益計算書関係）」に記載のとおり，不動産賃貸事業資産等について，減損損失を12,672百万円計上しました。なお，不動産事業の有形固定資産は1,058,617百万円です。

(2) 会計上の見積りの内容について連結財務諸表利用者の理解に資するその他の情報

① 当連結会計年度の連結財務諸表に計上した金額の算出方法

当社グループは，管理会計上の事業ごと又は物件ごとに資産のグループ化を行っています。減損の兆候があると認められた場合には，資産グループから得られる割引前将来キャッシュ・フローの総額と帳簿価額を比較することによって，減損損失の認識の要否を判定します。判定の結果，割引前将来キャッシュ・フローの総額が帳簿価額を下回り減損損失の認識が必要と判断された場合，帳簿価額を回収可能価額（正味売却価額又は使用価値のいずれか高い価額）まで減額し，帳簿価額の減少額は減損損失として認識します。

② 当連結会計年度の連結財務諸表に計上した金額の算出に用いた主要な仮定

将来キャッシュ・フローの見積りは，中期経営計画を基礎としており，新型コロナウイルスの影響については，上記「1 繰延税金資産の回収可能性」と同様の仮定を置いています。

---

③　翌連結会計年度の連結財務諸表に与える影響

将来キャッシュ・フローについては，今後の新型コロナウイルスの感染状況に加え，他の将来の不確実な経済状況や市場価額の変動によって影響を受ける可能性があり，実際の結果が見積りと乖離した場合には，翌連結会計年度の連結財務諸表に重要な影響を及ぼす可能性があります。

（会計方針の変更）

（時価の算定に関する会計基準等の適用）

「時価の算定に関する会計基準の適用指針」（企業会計基準適用指針第31号 2021年6月17日。以下「時価算定会計基準適用指針」という。）を当連結会計年度の期首から適用し，時価算定会計基準適用指針第27-2項に定める経過的な取扱いに従って，時価算定会計基準適用指針が定める新たな会計方針を将来にわたって適用することとしました。これによる，連結財務諸表への影響はありません。なお，「金融商品関係」注記の金融商品の時価のレベルごとの内訳等に関する事項における投資信託に関する注記事項においては，時価算定会計基準適用指針第27-3項に従って，前連結会計年度に係るものについては記載していません。

（未適用の会計基準等）

・「法人税，住民税及び事業税等に関する会計基準」（企業会計基準第27号 2022年10月28日）
・「包括利益の表示に関する会計基準」（企業会計基準第25号　2022年10月28日）
・「税効果会計に係る会計基準の適用指針」（企業会計基準適用指針第28号 2022年10月28日）

1　概要

2018年2月に企業会計基準第28号「『税効果会計に関する会計基準』の一部改正」等（以下「企業会計基準第28号等」）が公表され，日本公認会計士協会における税効果会計に関する実務指針の企業会計基準委員会への移管が完了されましたが，その審議の過程で，次の2つの論点について，企業会計基準第28号等の公表後に改めて検討を行うこととされていたものが，審議され，公表されたものです。

・税金費用の計上区分（その他の包括利益に対する課税）
・グループ法人税制が適用される場合の子会社株式等（子会社株式又は関連会社株式）の売却に係る税効果

2　適用予定日

2025年3月期の期首から適用します。

3　当該会計基準等の適用による影響

連結財務諸表に与える影響額については、現在評価中です。

（表示方法の変更）

（連結損益計算書）

前連結会計年度に区分掲記していた特別利益の「雇用調整助成金」及び特別損失の「新型コロナウイルス関連損失」は，重要性が乏しくなったため，当連結会計年度より，それぞれ特別利益及び特別損失の「その他」に含めて表示しています。この結果，前連結会計年度の連結損益計算書において，特別利益の「雇用調整助成金」9,234百万円を特別利益の「その他」に，特別損失の「新型コロナウイルス関連損失」9,518百万円を特別損失の「その他」にそれぞれ組み替えています。

（追加情報）

（当社の取締役等に対する株式報酬制度）

1　取引の概要

当社は，当社の代表取締役を対象に，企業価値及び業績の向上に対する意欲を一層高めるとともに，株主価値の向上に対するインセンティブを働かせることを目的として，株式報酬制度（以下，「本制度」という。）を導入しています。

また，当社子会社である阪急電鉄（株），阪神電気鉄道（株）及び阪急阪神不動産（株）（以下，あわせて「対象子会社」という。）の役員報酬制度に関して，各対象子会社の常勤の取締役及び執行役員等（社外取締役及び国内非居住者を除き，阪急阪神不動産（株）については，これらに加え，同社へ出向している他社の従業員を除く。）を対象に，本制度を採用しています。

本制度は，役員報酬BIP（Board Incentive Plan）信託と称される仕組みを採用しており，役位等に応じて，当社株式及び当社株式の換価処分金相当額の金銭を交付及び給付する制度です。

2　信託に残存する当社株式

信託に残存する当社株式を，信託における帳簿価額（付随費用の金額を除く。）により純資産の部に自己株式として計上しています。当該自己株式の帳簿価額及び株式数は，前連結会計年度1,575百万円及び399,468株，当連結会計年度1,475百万円及び374,149株です。

2 財務諸表等

(1) 財務諸表

① 貸借対照表

（単位：百万円）

	前事業年度 (2022年3月31日)	当事業年度 (2023年3月31日)
資産の部		
流動資産		
現金及び預金	167	162
未収入金	※2 9,598	※2 14,025
未収収益	※2 442	※2 615
未収消費税等	109	46
短期貸付金	※2 147,029	※2 174,619
前払費用	52	47
その他	※2 644	※2 646
流動資産合計	158,043	190,161
固定資産		
有形固定資産		
建物	2	2
工具、器具及び備品	17	12
建設仮勘定	163	404
有形固定資産合計	183	419
無形固定資産		
商標権	3	3
ソフトウエア	424	898
その他	298	312
無形固定資産合計	726	1,214
投資その他の資産		
投資有価証券	※1 17,634	※1 15,273
関係会社株式	576,730	576,730
その他の関係会社有価証券	216	531
長期貸付金	※2 771,061	※2 731,165
長期前払費用	32	27
前払年金費用	154	247
その他	34	20
投資その他の資産合計	1,365,865	1,323,997
固定資産合計	1,366,775	1,325,631
資産合計	1,524,818	1,515,793

（単位：百万円）

	前事業年度 (2022年3月31日)	当事業年度 (2023年3月31日)
負債の部		
流動負債		
短期借入金	※1 117,836	※1 161,210
コマーシャル・ペーパー	50,000	10,000
1年内償還予定の社債	7,000	30,000
未払金	※2 9,006	※2 6,342
未払費用	※2 904	※2 957
未払法人税等	441	7
預り金	155	161
前受収益	2	－
その他	3	0
流動負債合計	185,350	208,680
固定負債		
社債	230,000	230,000
長期借入金	※1 548,961	※1 509,065
繰延税金負債	1,010	1,283
債務保証損失引当金	35,661	39,498
役員株式給付引当金	378	403
退職給付引当金	7,443	7,116
その他	※2 1,224	※2 1,144
固定負債合計	824,680	788,511
負債合計	1,010,031	997,192
純資産の部		
株主資本		
資本金	99,474	99,474
資本剰余金		
資本準備金	149,258	149,258
その他資本剰余金	－	0
資本剰余金合計	149,258	149,258
利益剰余金		
利益準備金	280	280
その他利益剰余金		
繰越利益剰余金	306,739	310,382
利益剰余金合計	307,019	310,662
自己株式	△47,077	△47,029
株主資本合計	508,675	512,366
評価・換算差額等		
その他有価証券評価差額金	6,112	6,233
評価・換算差額等合計	6,112	6,233
純資産合計	514,787	518,600
負債純資産合計	1,524,818	1,515,793

② 損益計算書

（単位：百万円）

	前事業年度 （自　2021年4月 1日 至　2022年3月31日）	当事業年度 （自　2022年4月 1日 至　2023年3月31日）
営業収益		
関係会社受取配当金	8,986	19,065
関係会社受入手数料	4,373	5,046
営業収益合計	※2 13,360	※2 24,111
営業費		
一般管理費	※1 7,013	※1 7,953
営業費合計	※2 7,013	※2 7,953
営業利益	6,347	16,157
営業外収益		
受取利息及び配当金	8,475	8,600
その他	1,128	1,106
営業外収益合計	※2 9,603	※2 9,706
営業外費用		
支払利息	6,976	6,795
その他	982	1,046
営業外費用合計	※2 7,958	※2 7,842
経常利益	7,992	18,021
特別利益		
投資有価証券売却益	5,708	1,831
特別利益合計	5,708	1,831
特別損失		
債務保証損失引当金繰入額	9,959	3,837
特別損失合計	9,959	3,837
税引前当期純利益	3,740	16,015
法人税、住民税及び事業税	1,394	27
法人税等調整額	△97	218
法人税等合計	1,296	246
当期純利益	2,444	15,768

③　株主資本等変動計算書

前事業年度（自　2021年4月1日　至　2022年3月31日）

（単位：百万円）

	株主資本								
	資本金	資本剰余金			利益剰余金			自己株式	株主資本合計
		資本準備金	その他資本剰余金	資本剰余金合計	利益準備金	その他利益剰余金 繰越利益剰余金	利益剰余金合計		
当期首残高	99,474	149,258	－	149,258	280	316,421	316,701	△47,066	518,368
当期変動額									
剰余金の配当						△12,126	△12,126		△12,126
当期純利益						2,444	2,444		2,444
自己株式の取得								△47	△47
自己株式の処分						△0	△0	36	36
株主資本以外の項目の当期変動額（純額）									
当期変動額合計	－	－	－	－	－	△9,682	△9,682	△11	△9,693
当期末残高	99,474	149,258	－	149,258	280	306,739	307,019	△47,077	508,675

	評価・換算差額等		純資産合計
	その他有価証券評価差額金	評価・換算差額等合計	
当期首残高	10,142	10,142	528,510
当期変動額			
剰余金の配当			△12,126
当期純利益			2,444
自己株式の取得			△47
自己株式の処分			36
株主資本以外の項目の当期変動額（純額）	△4,029	△4,029	△4,029
当期変動額合計	△4,029	△4,029	△13,723
当期末残高	6,112	6,112	514,787

当事業年度（自　2022年4月1日　至　2023年3月31日）

（単位：百万円）

	株主資本								
	資本金	資本剰余金			利益剰余金			自己株式	株主資本合計
		資本準備金	その他資本剰余金	資本剰余金合計	利益準備金	その他利益剰余金 繰越利益剰余金	利益剰余金合計		
当期首残高	99, 474	149, 258	−	149, 258	280	306, 739	307, 019	△47, 077	508, 675
当期変動額									
剰余金の配当						△12, 125	△12, 125		△12, 125
当期純利益						15, 768	15, 768		15, 768
自己株式の取得								△53	△53
自己株式の処分			0	0				101	101
株主資本以外の項目の当期変動額（純額）									
当期変動額合計	−	−	0	0	−	3, 643	3, 643	48	3, 691
当期末残高	99, 474	149, 258	0	149, 258	280	310, 382	310, 662	△47, 029	512, 366

	評価・換算差額等		純資産合計
	その他有価証券評価差額金	評価・換算差額等合計	
当期首残高	6, 112	6, 112	514, 787
当期変動額			
剰余金の配当			△12, 125
当期純利益			15, 768
自己株式の取得			△53
自己株式の処分			101
株主資本以外の項目の当期変動額（純額）	121	121	121
当期変動額合計	121	121	3, 813
当期末残高	6, 233	6, 233	518, 600

【注記事項】

（重要な会計方針）

1　資産の評価基準及び評価方法

（1）　有価証券

①　子会社株式及び関連会社株式

移動平均法による原価法によっています。

②　その他の関係会社有価証券

移動平均法による原価法によっています。

ただし、投資事業有限責任組合及びそれに類する組合への出資については、当該組合の財産の持分相当額を計上しています。

③　その他有価証券

a　市場価格のない株式等以外のもの

時価法によっています（評価差額は全部純資産直入法により処理し、売却原価は移動平均法により算定しています。）。

b　市場価格のない株式等

移動平均法による原価法によっています。ただし、投資事業有限責任組合及びそれに類する組合への出資については、当該組合の財産の持分相当額を計上しています。

2　引当金の計上基準

（1）　債務保証損失引当金

債務保証に係る損失に備えるため、被保証者の財政状態等を勘案し、損失負担見込額を計上しています。

（2）　退職給付引当金

従業員の退職給付に備えるため、当事業年度末における退職給付債務及び年金資産の見込額に基づき計上しています。

退職給付債務の算定にあたり、退職給付見込額を当事業年度末までの期間に帰属させる方法については、給付算定式基準によっています。

過去勤務費用については、発生時における従業員の平均残存勤務期間以内の一定の年数（10年）による定額法により費用処理しています。

数理計算上の差異については、各事業年度の発生時における従業員の平均残存勤務期間以内の一定の年数（10年）による定額法により按分した額をそれぞれ発生の翌事業年度から費用処理しています。

3　その他財務諸表作成のための基本となる重要な事項 ……………………

（1）　退職給付に係る会計処理 ……………………

退職給付に係る未認識数理計算上の差異及び未認識過去勤務費用の未処理額の会計処理の方法は、連結財務諸表におけるこれらの会計処理の方法と異なっています。

（2）　グループ通算制度の適用 ……………………

グループ通算制度を適用しています。

（重要な会計上の見積り）

前事業年度（自　2021年4月1日　至　2022年3月31日）

会計上の見積りは，財務諸表作成時に入手可能な情報に基づいて合理的な金額を算出しています。当事業年度の財務諸表に計上した金額が会計上の見積りによるもののうち，翌事業年度の財務諸表に重要な影響を及ぼすリスクがある項目は以下のとおりです。

債務保証損失引当金

(1)　当事業年度の財務諸表に計上した金額

債務保証損失引当金　　35,661百万円

(2)　会計上の見積りの内容について財務諸表利用者の理解に資するその他の情報

①　当事業年度の財務諸表に計上した金額の算出方法

㈱阪急阪神ホテルズの借入金に対して債務保証を行っています。当該債務保証に関して、同社の財政状態等を勘案して損失負担を見積もった結果、債

務超過相当額を貸借対照表に計上しています。

② 当事業年度の財務諸表に計上した金額の算出に用いた主要な仮定

当社の損失負担の前提となる㈱阪急阪神ホテルズの財政状態等については、同社の固定資産の減損等において、会計上の見積りが含まれており、同社の中期経営計画を基礎としています。

③ 翌事業年度の財務諸表に与える影響

同社の中期経営計画は、今後の新型コロナウイルスの感染状況に加え、他の将来の不確実な経済状況や市場価額の変動によって影響を受ける可能性があります。その結果、同社の財政状態等に変動がある場合には、当社の翌事業年度の財務諸表に重要な影響を及ぼす可能性があります。

当事業年度（自 2022年4月1日 至 2023年3月31日）

会計上の見積りは、財務諸表作成時に入手可能な情報に基づいて合理的な金額を算出しています。当事業年度の財務諸表に計上した金額が会計上の見積りによるもののうち、翌事業年度の財務諸表に重要な影響を及ぼすリスクがある項目は以下のとおりです。

債務保証損失引当金

(1) 当事業年度の財務諸表に計上した金額

債務保証損失引当金　　39,498百万円

(2) 会計上の見積りの内容について財務諸表利用者の理解に資するその他の情報

① 当事業年度の財務諸表に計上した金額の算出方法

㈱阪急阪神ホテルズの借入金に対して債務保証を行っています。当該債務保証に関して、同社の財政状態等を勘案して損失負担を見積もった結果、債務超過相当額を貸借対照表に計上しています。

② 当事業年度の財務諸表に計上した金額の算出に用いた主要な仮定

当社の損失負担の前提となる（株）阪急阪神ホテルズの財政状態等については、同社の中期経営計画を基礎とした会計上の見積りが含まれています。

③ 翌事業年度の財務諸表に与える影響

同社の中期経営計画は、今後の新型コロナウイルスの感染状況に加え、他の将来の不確実な経済状況や市場価額の変動によって影響を受ける可能性が

あります。その結果、同社の財政状態等に変動がある場合には、当社の翌事業年度の財務諸表に重要な影響を及ぼす可能性があります。

（追加情報）

（当社の取締役等に対する株式報酬制度）

「1　連結財務諸表等」の「(1) 連結財務諸表」「注記事項（追加情報）」に記載のとおりです。

第2章

運輸業界の“今”を知ろう

企業の募集情報は手に入れた。しかし，それだけではまだ不十分。企業単位ではなく，業界全体を俯瞰する視点は，面接などでもよく問われる重要ポイントだ。この章では直近1年間の運輸業界を象徴する重大ニュースをまとめるとともに，今後の展望について言及している。また，章末には運輸業界における有名企業（一部抜粋）のリストも記載してあるので，今後の就職活動の参考にしてほしい。

▶▶はこぶ。みんなの夢のせて

運輸 業界の動向

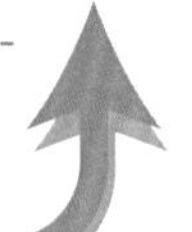

運輸とは，ヒトやモノを運ぶことに関する業種である。運ぶ手段には，鉄道・飛行機・船・自動車などがあり，ヒトを運ぶ業種は「旅客」，モノを運ぶ業種は「貨物」と分類される。

❖鉄道（JR）の業界動向

1987年に旧国鉄が民営化され，北海道，東日本，東海，西日本，四国，九州，貨物のJR各社が発足して30年以上が経過した。JRでは，中長距離の輸送が主軸のひとつとなっており，それを支えているのが「新幹線」である。運輸収入において，新幹線が主体のJR東海で依存度が高いのはもちろんだが，JR西日本では新幹線収入が在来線を上回り，JR九州においてもその割合は3分の1を超え，経営の安定に大きく寄与している。2016年に開業した北海道新幹線は，2030年度には新函館北斗〜札幌まで延びる予定で，JR北海道の増収が期待される。北陸新幹線もJR西日本によって2023年度末に金沢－敦賀間の開業が予定されている。また新たに2022年9月に西九州新幹線が開通。現在は長崎駅から武雄温泉駅が結ばれている。

また，JR東海による最高時速500kmの“次世代特急”リニア中央新幹線の建設も始まっている。2045年に大阪までの全面開業を予定しており，JR東海は新幹線との2本柱経営を目指している。

●観光列車の導入が活発化

JR九州が2013年10月に運行を開始した豪華寝台特急列車「ななつ星in九州」以降，JR各社での観光列車の運行が増えている。2017年5月にはJR東日本が「トランスイート四季島」の運行を開始。同年6月にもJR西日本で「トワイライトエクスプレス瑞風」の運行が始まり，豪華寝台列車ブームは，シニア層や海外の富裕層など新たな顧客を獲得している。

また，豪華寝台列車以外にも，「リゾートしらかみ」（JR東日本），「花嫁のれん」（JR西日本），「四国まんなか千年ものがたり」（JR四国），「ゆふいんの森」，「或る列車」（JR九州）といったユニークな観光列車がJR各社で運行されている。車両デザインの注目度はもちろん，地域のPR効果も高く，地域活性化にも大きく寄与している。

●各社，非鉄道事業の拡大を目指す

少子高齢化や新型コロナ禍を受けて，各社とも駅を中心とした不動産や流通サービスなどの非鉄道事業拡大に力を入れている。首都圏という大きな市場を地盤とするJR東日本では，多数のオフィスビルやルミネ系の商業施設を運営する不動産事業も積極的に展開。高輪ゲートウェイ駅周辺の巨大プロジェクトに注目が集まっている。

JR西日本は，近畿圏の成長の頭打ちを見越して，不動産賃貸，ホテル，流通などの事業拡充に動き出している。非鉄道事業の売上が約6割を占めるJR九州も，駅ビル，マンション分譲，ホテル経営などを展開し，外食事業は広くエリア外へも展開している。JR四国は，不動産などの成長機会が乏しいなか，宿泊特化型ホテルの開業，マンション分譲，駅を中心とした高齢者向けサービスの提供などに取り組んでいる。

本業の鉄道の方では，料金改定の動きが目立った。JR西日本は運賃を10～40円引き上げ，JR東海などは新幹線の指定特急料金に「再繁忙期」を設け，閑散期と600円の差をつけた。また，首都圏の通勤向けではJR東日本がピーク時間帯以外に利用を限定した割安な「オフピーク定期券」をスタートさせた。

❖鉄道（民鉄）の業界動向

日本民営鉄道協会（民鉄協）の発表では，2021年度の大手私鉄16社の輸送人員は87億4800万と，前年度比で11%増加した。新型コロナ禍前の19年度比では83%の水準となっている。新型コロナ禍がひと段落し，旅客需要は新幹線を中心に回復が進む一方で，テレワークの普及により通勤利用の完全回復は困難と見なされている。

この10年あまりで，鉄道各社の相互乗り入は飛躍的に進んだ。2013年3月には，東急，東京メトロ，西武，東武，横浜高速鉄道の5社7線が直通運転を開始した。また，2016年3月には，東京メトロを介してJR東日本常

磐線と小田急との相互乗り入れが開始された。これにより，乗車時間の短縮や乗り換えの解消など，利便性が向上しただけでなく，乗降駅の活性化や新たなネットワークの誕生にもつながっている。また，2019年11月にはJR東日本と相鉄ホールディングスの相互直通が実現した。乗り入れで13路線が使えるようになり，タワーマンションの建設ラッシュで注目を集めた武蔵小杉や，西武鉄道が販売している食事とお土産券がついた「西武横濱中華街グルメきっぷ」などが，その好例である。

●インバウンド需要が回復傾向に

2016年は約2870万人，2017年は約3119万人，そして2019年は3188万人と年々増加していた訪日外客数。このインバウンド（外国人観光客）需要に対応するため，鉄道各社ではホームの拡張工事，転落防止ためのホームドアの設置など，ハード面の改良を進めていた。またその一方で，2014年，東京の地下鉄143駅に無料Wi-Fiが設置されたほか，東京メトロでは乗換検索アプリ「Tokyo Subway Navigation for Tourists」を配信。西武では，ビデオ通話を活用した外国人スタッフによる通訳サービスの拡充。京浜急行では，羽田空港国際線駅で外貨をPASMOやSUICAといった交通系電子マネーに交換するサービスを開始するなど，ソフト面での新たな取り組みも始まっていた。これらは2020年夏開催の東京オリンピックで大いに効果を発揮する予定だったが，残念ながらその機会は訪れなかった。

しかし，新型コロナ禍からすでに数年が経ち，インバウンド需要は復調。2023年の訪日外客数は2500万人近くになると見込まれ，コロナ前の水準に戻りつつあることは明るい知らせだ。

●ホテル，マンション，小売業など非鉄道事業の拡充

鉄道会社の中でもとくに私鉄大手は，JR各社に比べ，非鉄道部門の売上げの比率が高く，マンション分譲や沿線の宅地開発などの不動産業，ホテルや遊園地などのレジャー業，百貨店や沿線のスーパーといった小売業など，非鉄道事業の部門を多角的に経営することで成長してきており，この傾向は今後も続いていく。

❖ 空輸の業界動向

空輸会社は，幅広い路線網と充実した機内サービスを行うフルサービスキャリア（FSC）と，運賃を抑えた格安航空会社ローコストキャリア（LCC）に分かれる。日本では，FSCの日本航空（JAL）と全日本空輸（ANA）の大手2社が業界を主導してきたが，近年，国内外で多くのLCCがめざましい成長を遂げ，大手FSCを追い立てる状況となっている。

格安航空会社のLCCは，機体の種類を絞ったり，短・中距離を中心に機体の使用頻度を上げて運行したり，機内サービスを有料にするなど，徹底したコスト削減によって低価格を実現し，躍進を続けている。日本初のLCCは，2012年2月にANAの出資で設立，3月より就航したピーチ・アビエーションである。同年には，JALと豪のカンタスグループ，三菱商事が共同出資したジェットスター・ジャパン，ANAとマレーシアのエアアジアが共同出資したエアアジア・ジャパンと，続けて3社のLCCが誕生した。しかしその後，エアアジア・ジャパンは2020年に経営破綻した。また，2016年5月には，バニラ・エア（2019年3月脱退）を含むアジア8社（現在，5社）が，世界初の広域のLCC連合「バリューアライアンス」を発足させ，ネットワークとマーケットの拡充を目指している。

●新型コロナウイルスによる大打撃から回復

ウイルスの感染拡大を防ぐために世界各国の間で渡航が制限され，国際線は壊滅的な打撃を受けてから数年。旅客需要は回復傾向を見せている。国際航空運送協会（IATA）によると，2023年の旅客需要はコロナ禍前の96%まで回復すると予想されている。先行して回復していた欧米に続き，アジア太平洋地域改善されたことが大きい。日本の2強，ANAホールディングスと日本航空も，2022年度に19年度以来の営業黒字転換を果たした。いずれもインバウンド客の副長が大きかったことに加え，貨物輸送の下支えが大きかったとみられる。

JALは2010年の経営破綻後，国内外の不採算路線の廃止，大規模なリストラ，子会社の売却などで経営を立て直し，2012年には再上場を果たした。LCCについては，2011年に，豪カンタス航空グループとジェットスター・ジャパンを設立していたが，2018年7月に，中長距離LCCの準備会社ティー・ビー・エルを設立し，中型機による飛行時間8時間以上の路線へ参入を予定している。JALの経営破綻後，旅客数や収入でJALを逆転し，日本の航空会社のトップとなったANAも，2017年4月には，LCCのピーチ・アビエーションを完全子会社化。LCCの主力市場アジアでの競争力強化のため，2018年，傘下のLCCであるピーチ・アビエーションとバニラ・エアの統合を発表し，従来の短距離だけでなく，中型機による飛行時間6～8時間の中距離路線に参入した。

旅客が戻ってくる一方で，各社は深刻な人手不足問題を抱えている。グラウンドハンドリングスタッフは，コロナ前と比べて1～2割減少している。安全航空のためにも，早急な対応が求められている。

ニュースで見る

運輸業界

直近の業界各社の関連ニュースを
ななめ読みしておこう。

置き配や鉄道輸送、運転手14万人不足補う　政府対策

政府は6日、トラック運転手の不足が懸念される「2024年問題」に備え、緊急対策をまとめた。荷主や消費者の意識改革など、一連の施策により24年度に見込まれる14万人の運転手不足を解消できるとみる。トラック事業者は中小企業が多く、対策が浸透するかは課題も多い。

政府は6日に関係閣僚会議を開き「物流革新緊急パッケージ」を決めた。①物流の効率化②荷主・消費者の行動変容③商慣行の見直し――を3本柱に据えた。10月中にまとめる経済対策にも反映し財政面で支援する。

長時間労働を解消するため、24年4月からトラック運転手の時間外労働は年960時間の上限が設けられる。人手不足が続く物流業界はこの措置により運転手14万人分に相当する輸送量が足りなくなるとみられている。

政府の試算によると①荷待ち・荷物の積み下ろし時間の削減で4万5000人分②荷物の積載率向上で6万3000人分③モーダルシフトで5000人分④再配達削減で3万人分――を補塡できる。合計14万3000人分になるという。

輸送手段をトラックからフェリーなどに切り替える「モーダルシフト」では、鉄道や船舶の輸送量を今後10年で倍増させる目標を掲げた。船舶は20年度時点の5000万トンから1億トンに、鉄道の貨物輸送は3600万トンに引き上げる。

これに対し日本物流団体連合会の真貝康一会長（JR貨物会長）は6日に「実現には要員や設備の確保など様々な課題がある」とのコメントを出した。「目標の実現には官民一体となって取り組んでいく必要があると考えている」と指摘した。

対策では物流業者に依頼する荷主の責任も明確にする。物流負担の軽減に向けた中長期計画の策定や、進捗管理に責任を持つ「物流経営責任者」の選任を義務付ける。24年の通常国会での法制化を目指す。

味の素は物流担当部長が新たに必要な物流経営責任者を兼務する方針だ。既に500キロメートル超の長距離輸送では9割を船舶や鉄道にしている。運転手不

足などを受けて15年時点の74%から切り替えを進めてきた。
ただ、日本の物流業界はトラック事業者の99%を中小企業が占める。政府の対策が想定通りの効果をうむかは見通せない部分がある。
対策には運転手らの代わりに荷物の積み下ろしができる自動フォークリフトや、無人で物流施設内を走行できる無人搬送車（AGV）の導入促進を盛り込んだ。
こうした取り組みはまだ一部にとどまり、共同配送のシステムづくりなどで国交省や業界団体の支援が欠かせない。
政府は対策に配送時の「置き配」やコンビニ受け取りなどを指定した消費者にポイント還元する仕組みが普及するようにシステム導入の実証実験を進めると記した。

（2022年11月3日　日本経済新聞）

鉄道大手、今期営業益29%増　旅客回復も定期は戻らず

鉄道大手17社の2024年3月期の連結業績見通しが15日出そろった。本業のもうけを示す営業利益は、17社合計で前期比29%増の1兆3155億円を見込む。新型コロナウイルスの感染症法上の分類が「5類」に移行したことや訪日客の増加に伴い、鉄道やホテルの利用が伸びる。動力費などのコスト増が重荷となり、利益水準はコロナ前の5～6割台にとどまる会社が多い。通勤定期も伸び悩んでおり、本格回復はなお道半ばだ。
JR東日本や東急など24年3月期通期の収入計画を開示している主要12社合計の運輸収入は、15%増の2兆6279億円を見込む。前期はコロナ前の19年3月期比で8割弱の水準だったが、今期は9割まで回復する。15日に決算発表した阪急阪神ホールディングス（HD）は、阪急電鉄と阪神電気鉄道を合計した24年3月期の運輸収入を12%増の1285億円と計画する。
けん引役となるのが、定期外収入の増加だ。コロナの5類移行などを背景に、新幹線などの定期外利用が伸びる。JR東の渡利千春常務は「（前期末から）訪日客を含めて鉄道利用が急回復している」と説明。同社は23年12月時点で新幹線がコロナ前の約9割、在来線はコロナ前と同水準まで戻るとみる。
足元の訪日需要の高まりを受け、私鉄各社ではホテル事業の回復も利益を押し上げる。西武HDは国内ホテルの客室稼働率が16ポイント上昇し、69%になると想定する。1室あたりの収益力を示すRevPAR（ホテルの売上高を販売可能な部屋数で割った数値）は49%増の1万3079円と、1万2000円前後だっ

たコロナ前を上回る額だ。

今後も鉄道やホテル部門の業績回復は当面続くとみられる。阪急阪神が15日発表した24年3月期の部門別利益見通しでは、鉄道など都市交通事業が前期比40%増の313億円になる。旅客需要の回復に伴い、ホテルを含む不動産事業も399億円と同43%伸びる。

ただ、17社平均の営業利益は依然としてコロナ前の6割水準にとどまる。

厳しいのが定期券の回復の遅れだ。12社合計で今期の定期外収入はコロナ前比96%まで戻るのに対し、定期収入は同83%の水準。テレワークなど出社を前提としない働き方が定着し、「コロナ禍が落ち着く今後も大きく回復するとは見込めない」(京王電鉄)。JR東海の今期営業利益(4300億円)もコロナ前比6割にとどまる。修繕費の増加に加え、東海道新幹線の出張利用がコロナ前に戻らない。

電気代などの動力費の高騰も重荷となっている。JR東の前期の動力費は前の期比49%増の913億円と、コロナ前に比べて4割ほど多い。今期も1090億円に膨らむ見通しだ。JPモルガン証券の姫野良太シニアアナリストは「コロナ禍で各社が先送りにしてきた修繕費も今後かさんでくる」と指摘する。

鉄道各社は今春に初乗り運賃を10円程度引き上げ、収益ベースでは50億~230億円前後の増収効果を見込む。ただ、値上げによる増収分はホームドアなど駅構内のバリアフリー投資に使途が絞られる制度を利用している会社が多く、利益改善に寄与しにくい。

利益水準の底上げが難しい中、JR東は朝のラッシュ時以外が割引運賃になる「オフピーク定期券」を3月に発売した。朝の混雑緩和を促すことができれば、車両数や運行人員の縮小などコスト削減につながるとみており、JR西日本も導入を検討している。

世界航空42社の売上高、半数コロナ前超え　22年12月期

航空業界の事業環境が改善してきた。世界42社の2022年12月期決算を見ると、半数にあたる21社で売上高が新型コロナウイルス禍前の19年12月期を超えた。米国や中南米を中心に航空需要が回復し、人手不足などによる座席の需給逼迫もあって運賃が上昇している。一方で燃料費や人件費などのコストはかさみ、本業の損益が改善したのは13社にとどまった。

QUICK・ファクトセットで12月期決算の42社の売上高とEBIT(利払い・

税引き前損益）を集計・分析した。19年比で増収となった21社のうち、11社は米国の航空会社だ。デルタ航空、アメリカン航空、ユナイテッド航空の米大手3社は軒並み売上高を伸ばし、3社の合計では19年比6％増の1445億ドル（約19兆円）だった。

人手不足による欠航などが旅客数にマイナス影響となった。輸送量の指標で、旅客を運んだ距離の総和を示す「有償旅客マイル（RPM、便ごとの旅客数×飛行距離の総計）」は3社とも19年の水準を下回ったが、運賃の引き上げで補った。1人による1マイルの移動あたりの売上高を示す単価の指標「イールド」はデルタが16％、ユナイテッドは17％上昇した。

デルタは23年も前年比15～20％の増収を見込む。エド・バスティアン最高経営責任者（CEO）は「供給面の制約が続く一方で旅客が戻り需要は強い状態が続いている」と話す。国内線の市場規模が大きい米国では需要の回復が早かった上に、大幅な欠航などで航空券が手に入りにくくなっていることも運賃の値上げを後押ししている。

米国以外では中南米や中東の回復ぶりが目立つ。コパ・ホールディングス（パナマ）やターキッシュ・エアラインズ（トルコ）が、19年比で増収となった。

原油高やインフレでコストがかさみ、採算性はコロナ前から悪化している。増収の21社のうちEBITが改善したのは、コロナ下でも人員を維持して供給力を保つ戦略が奏功したターキッシュや、貨物事業を大幅に伸ばした大韓航空など6社にとどまる。米大手3社は軒並み営業減益だ。

19年比で減収となった航空会社は欧州や東南アジア勢で多い。欧州やアジア各国には米国のような巨大な国内線市場がない上に、中国の「ゼロコロナ」政策などの影響も大きかったためだ。

国際航空運送協会（IATA）によると、22年の有償旅客キロは北米の航空会社が19年比11％減だった一方、欧州は同22％減、アジア太平洋は56％減と落ち込みが大きい。個別企業では英ブリティッシュ・エアウェイズなどを傘下に抱えるインターナショナル・エアラインズ・グループ（IAG）や独ルフトハンザ、キャピタルA（旧エアアジア・グループ）などが減収となり、いずれもEBITも悪化した。

3月期決算の日本の航空大手は売上高、利益ともコロナ前には至っていない。ANAホールディングス（HD）は23年1～2月の国際線の旅客数（ANAブランド）がコロナ前の5割前後にとどまる。航空機の削減などコストの抑制を進めてきたが、客数減をカバーできる利益体質への転換は道半ばだ。

仏蘭エールフランスKLMなどは減収下でもリストラで損益を改善させた。エールフランスKLMは人員削減で人件費を1割減らすなどして営業黒字を確保した。ベンジャミン・スミスCEOは「強いコスト規律と構造改革の成果などが寄与した」と話す。
IATAのウィリー・ウォルシュ事務総長は「23年末までにほとんどの地域の航空需要はコロナ前と同じかそれ以上の水準になるだろう」と見ている。リストラは収益底上げに一定の効果があるが、需要が本格的に回復すれば人手不足が足かせになりかねない。需要回復に対し、供給体制の整備や運賃の引き上げをどのように進めるかが問われる局面だ。

（2023年3月31日　日本経済新聞）

首都圏鉄道7社、運賃一斉値上げ　初乗り10円程度

鉄道各社が相次ぎ運賃を引き上げる。18日にJR東日本や東京地下鉄（東京メトロ）など首都圏の大手7社が、初乗り運賃を10円程度値上げする。4月にはJR西日本なども実施し、年内に大手約20社が値上げする。各社とも新型コロナウイルス前の水準まで旅客需要が戻らぬ中、ホームドア整備などへの投資がかさんでいる。
18日に運賃を値上げする大手はJR東日本や東京メトロ、小田急電鉄、西武鉄道、東武鉄道、相模鉄道、東急電鉄の7社。JR東日本は山手線など首都圏の一部区間の運賃を、一律10円引き上げる。山手線内の通勤定期券（初乗り区間）は1カ月分で330円、3カ月分が940円、6カ月分は1680円の値上げとなる。通学定期は現行運賃を据え置く。
東京メトロや小田急、西武なども一律10円値上げする。東武の通学を除く定期券は1カ月分で600円、3カ月分で1710円、6カ月分では3240円をそれぞれ引き上げる。このほか東急は平均12.9％値上げする。東横線などの初乗り運賃はきっぷの場合は130円から140円に、交通系ICカードは126円から140円になる。
4月には関西の鉄道各社が値上げする。JR西日本は在来線運賃のほか、新幹線などの料金を引き上げる。近畿圏の在来線は運賃を10円値上げするほか、私鉄に対抗して安く設定している主要区間も10～40円高くする。運賃とは別に、山陽新幹線では停車駅の少ない「みずほ」や「のぞみ」の指定席特急料金を最大420円高くする。
近畿日本鉄道は収益改善や安全投資などに向けた資金を捻出するため、全区間

の運賃を引き上げる。改定幅は平均17%に及び、初乗り運賃は20円増の180円となる。南海電気鉄道も10月に平均10%の運賃値上げを予定している。
鉄道各社の値上げが相次ぐ背景は大きく2つある。1つはホームドアなどバリアフリー投資への対応だ。国土交通省などが「鉄道駅バリアフリー料金制度」を創設したことで、運賃に一定料金を上乗せし投資を賄えるようになった。通常の運賃改定は国の認可が必要だが、同制度は事前の届け出だけですむ。
18日に値上げする大手7社のうち6社が同制度を使う。JR東は2021年度末に92駅で導入したホームドアを、31年度末までに330駅へと増やす。バリアフリー整備費は35年度までに5900億円を想定。今回の値上げで年230億円を徴収し、全体の約5割をまかなう計画だ。東京メトロも25年度までに全線でホームドアを整備する。
値上げのもう一つの理由が旅客需要の減少だ。東急の鉄道運賃収入は22年4～12月期で898億円と、コロナ前の19年同期の約8割にとどまる。特に定期収入は355億円と約7割で戻りは鈍い。沿線に「テレワークしやすいIT(情報技術)企業が多い」(東急)ことが響いているとみる。近鉄や南海も足元の鉄道収入はコロナ前の約8割の水準が続く。
需要減は鉄道会社にとって共通の経営課題だ。JR東の鉄道営業収入はコロナ前の約2割減で推移し、深沢祐二社長は「通勤やビジネス出張の需要は今後も元の水準には戻らない」と語る。JR西も在宅勤務の定着などで、鉄道需要はコロナ前の9割までしか戻らないと想定する。

(2023年3月17日　日本経済新聞)

ANA純利益600億円に上振れ 23年3月期、JALは下方修正

ANAホールディングス(HD)は2日、2023年3月期の連結最終損益が600億円の黒字(前期は1436億円の赤字)になりそうだと発表した。従来予想から200億円上方修正した。水際対策の緩和で国際線の需要が回復し、燃料費などのコストが計画を下回る。日本航空(JAL)は国内線を中心にANAよりも強気に見ていた旅客需要の想定を引き下げ、業績予想を下方修正した。
ANAHDは連結売上高の見通しを前期比68%増の1兆7100億円、営業損益は950億円の黒字(同1731億円の赤字)とした。それぞれ100億円と300億円の上方修正だ。会社の想定と比べて22年10~12月期の売上高が100億

円上回り、営業費用が200億円下回ったことを反映させた。

中堀公博・グループ最高財務責任者（CFO）は「北米線とアジア路線の需要が想定を上回った」と話した。コスト面では燃油や為替の市況変動で約70億円、需要に応じた貨物専用便の減便などの費用削減で約130億円を抑制した。

一方、JALは通期の最終損益（国際会計基準）の予想を250億円の黒字（前期は1775億円の赤字）と、従来予想から200億円引き下げた。売上収益は1兆3580億円と従来予想を460億円下回る。うち260億円を国内線の旅客収入、110億円は貨物郵便収入の下振れが占める。

菊山英樹CFOは「ビジネス需要の戻りが想定ほど早くない」と話し、コロナ禍を受けたリモート会議の普及などが影響している可能性があるとの見方を示した。政府の観光振興策「全国旅行支援」が年明け以降に再開するとの発表が遅れたことも、観光需要の回復の遅れにつながったとみている。

JALはANAと比べて需要の水準を高めに想定していた。2日に1~3月期の国内線の旅客数の想定はコロナ前の85%、国際線は54%に引き下げた。従来はそれぞれ95%と60%だった。ANAは22年10月末に国内線（ANAブランドのみ）がコロナ前比85%、国際線は同55%との想定を示していた。

両社とも業績は回復している。ANAHDの22年4~12月期の最終損益は626億円の黒字（前年同期は1028億円の赤字）、JALは163億円の黒字（同1283億円の赤字）だった。ともに4~12月期としては3年ぶりの黒字となった。

JALは今期末の配当予想を20円（従来予想は未定）に修正し、20年3月期の中間配当以来の配当を見込む。ANAHDは無配予想としている。

（2023年2月2日　日本経済新聞）

航空連合、3年ぶりベア要求　月6000円以上で2%

全日本空輸（ANA）や日本航空（JAL）など航空会社の労働組合が加盟する航空連合は26日、2023年の春季労使交渉で、基本給を一律月額6000円以上引き上げるベースアップ（ベア）を求める方針を発表した。統一のベア要求は3年ぶり。ベア率は平均2%で、定期昇給（定昇）を含む全体の賃上げ率は同4%程度を目指す。

同日の記者会見で方針を示した。22年まで2年連続で統一の賃金改善要求を見送っていた。20年は月額3000円以上を求めており、今回は新型コロナウイルス禍前を上回る水準を要求した。一時金は加盟組合の状況をふまえたうえで、中期目標である月額賃金の５カ月台を目指す。
物価上昇の影響で家計負担はコロナ前に比べて重くなっている。コロナ対応の行動制限や水際対策緩和に伴って需要が戻り、各社の業績は回復基調にある。
コロナ禍で人材流出が進み、人材の確保が課題となっていることをふまえた。
内藤晃会長は「23年の春闘は将来の成長に向けた『転換点』として極めて重要だ」と話した。「各社の業績は回復している一方、需要の急激な増加に対応する人材不足が顕在化している。人材確保や育成、定着が最重要課題となっている」と強調した。
航空連合は航空会社や関連企業などの58組合が加盟しており、約４万５千人の組合員を抱える。航空業界はコロナの影響で大きな打撃を受けており、待遇改善で人材の確保を目指す。

（2023年１月26日　日本経済新聞）

JR連合がベア１％要求へ、月3000円　コロナ前と同水準

JR東海などの労働組合で組織するJR連合は、2023年の春季労使交渉で賃金を一律に引き上げるベースアップ（ベア）の統一要求目安を月額3000円とする執行部案を固めた。ベア率は平均１％で、定期昇給（定昇）を含めた全体の賃上げ率は同３％程度を目指す。安定経営が強みとされてきた鉄道業界の環境は新型コロナウイルス禍で揺らいでおり、待遇改善を通じて優秀な人材の確保を目指す。
２月１日の中央委員会で正式決定される見通し。JR連合は貨物を含めたJR7社とグループ会社の計96組合が加盟し、約８万5000人の組合員を抱える。
JR連合は21年、22年は月額1000円のベアを求めてきたが、新型コロナ感染拡大前の要求水準に戻した。総務省によると、22年の東京都区部の物価上昇率は2.2%。物価上昇の影響で足元の家計負担はコロナ禍前に比べて重くなっている一方、JR各社の経営状況が完全に回復していないことを踏まえた。
2%相当の定昇の完全実施を優先課題と位置づけ、定昇制度がない組合では制度設立と併せ、定昇分として5000円の確保を求める。賃金をはじめとする労働条件の改善原資として月例賃金総額の３%相当を求める。
本州３社（JR東日本、JR西日本、JR東海）はコロナ禍の業績低迷を受け、２年連続でベアを見送っていた。JR東は23年３月期の連結最終損益が600億円の黒字（前期は949億円の赤字）と３期ぶりの黒字転換を見込む。

（2023年１月16日　日本経済新聞）

現職者・退職者が語る 運輸業界の口コミ

※編集部に寄せられた情報を基に作成

▶福利厚生

職種：施工管理　　年齢・性別：30代前半・女性

・自分に裁量のある部分に関しては，割と時間の融通が利きます。
・結果さえ出していれば，プライベートを優先させることも可能です。
・場合によっては，他人の仕事であっても泊り込みで残業することも。
・休日出勤する人もいますが，残業時間は一定以上は制限されます。

職種：一般事務　　年齢・性別：20代後半・女性

・異動が多く，転勤が嫌な人にはあまり向かない企業だと思います。
・お盆休みやGWはありませんが，有給休暇数はしっかりあります。
・給与は普通でしたが，賞与は入社一年目でもかなり高額でした。
・家が遠いなど理由があれば寮にも入れるため，貯金はしやすいです。

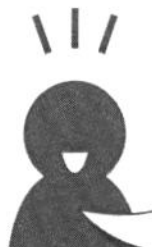

職種：電気・電子関連職　　年齢・性別：20代後半・男性

・学生気分の抜けないものもいれば，どんどん成長できる人間もいる。
　年輩の管理者より若い管理者の下のほうが働きやすいと思います。
・年輩の社員の中には，始業前の掃除を口うるさく言う人も多いです。
・仕事外の関係も親密で，飲み会や旅行，組合活動も必須となります。

職種：サービス関連職　　年齢・性別：20代後半・女性

・明るく元気な人が多く，思っていた以上に体育会系です。
・イキイキというよりもシャキシャキした我が強い人が多いです。
・仕事は体力的にきつく，体を壊す人も多いので，自己管理が大切。
　福利厚生は充実していますが，休暇は疲れを取るだけになることも。

▶労働環境

職種：カウンターセールス　　年齢・性別：20代後半・男性

・有給休暇は部署により取得方法が違いますが，ほぼ消化できるかも。駅勤務の場合は，自分で代務者を見つければ休暇の取得が可能です。
・住宅補助は家族寮，独身寮がありますが，常に順番待ちの状態。
・現業職採用でも社内公募で本社勤務への異動のチャンスがあります。

職種：生産管理・品質管理（機械）　　年齢・性別：20代後半・男性

・社宅や寮は充実しているが，転勤が多く，家族持ちには厳しい面も。
・住宅補助などは充実していて持ち家を買った後も補助されます。
・給与以外の金銭的に助けとなる厚生が非常に充実しています。
・配属については社内応募がなく，自分の意思は全く反映されません。

職種：人事　　年齢・性別：30代後半・男性

・社内応募制度については，最近海外関係に力を入れています。
・中長期での海外転勤から，短期の海外研修制度まで公募があります。この他にも留学制度といった，さまざまな制度が用意されています。住宅補助については，社宅・寮の他金銭的な補助も充実。

職種：サービス関連職　　年齢・性別：20代後半・女性

・女性が多い職種のためか，出産育児制度にはかなり満足しています。
・一人の子供に対し，最大3年間育児休暇を取ることができます。
・育児休暇中にもう一人出産したら，さらに3年取得できます。
・復帰後も復帰訓練があって，突然現場に戻されることはありません。

▶福利厚生

職種：内勤営業　　年齢・性別：30代後半・男性

・お客様の生命と安全を第一に，快適な移動空間を創出するという点。駅社員はお客様を適切にご案内するという任務をこなしてこそ。
・列車乗務員はご案内に加え，運転に関わる責務を負っています。
・いずれも非常に大きなやりがいのある仕事だと思っています。

職種：セールスエンジニア・サービスエンジニア　　年齢・性別：20代後半・男性

・日本を代表する会社であり，鉄道の安全，安定輸送を支えている点。夜間作業の後，安全な通過を確認した時は，喜びを感じます。
・社員には様々な制度が完備されていて，成長できる点も魅力です。
・留学制度もあり，学部卒でも将来の幹部職への道も開かれています。

職種：物流サービス　　年齢・性別：20代前半・女性

・毎日たくさんのお客様に出会え，とても良い刺激になります。
・サービスは自分の工夫次第で何でも出来るのでやりがいがあります。
・毎日違うメンバーでの業務のため，合わない人ともやりやすいです。丁寧な所作やマナー，ホスピタリティ精神がとても身につきます。

職種：人事　　年齢・性別：20代後半・女性

・総合職はいつでも前面に出て組織を牽引することが求められます。自分が会社にいる存在意義を感じられる場面が多くあります。
・事業内容が社会貢献性が高く，影響を与える範囲も大きいです。
・後世に残る仕事に携わることもでき，大変充実しています。

▶労働環境

職種：運輸関連　　年齢・性別：20代後半・男性

・面接は非常に穏やかな面接で，圧迫面接などもありません。
・入社後の研修が非常に厳しく，入社翌日に退社した人もいます。軍隊のように大声で完璧に暗記するまで唱和を叩きこまれます。
・職場の雰囲気は良いので，研修さえ耐えれば大丈夫かと思います。

職種：生産管理・品質管理　　年齢・性別：20代後半・男性

・ワークライフバランスは非常にとりづらいと思います。
・若手の勉強のためという名目の飲み会も多く，サービス残業も多め。
・上司に気に入られないと出世は難しいと思われます。
・休日に社内レクリエーションがあり，強制的に動員されることも。

職種：技術関連職　　年齢・性別：20代後半・男性

・残業は月に50時間～100時間といったところです。
・災害が発生した場合には休日も出社となり，残業も増えます。
・社内の強制参加のイベントも少なくなく，体育会系な職場と言えます。残業代はきちんと払われるのでその点は良しとします。

職種：総合職事務職　　年齢・性別：40代後半・女性

・女性ばかりの職場なので，足の引っ張り合いや嫉妬があります。
・尊敬出来る先輩のグループに所属出来れば非常にやりやすいです。
・長い物に巻かれるタイプのほうが重宝されて居心地は良いでしょう。
・世間のイメージと内部事情はだいぶ違うので覚悟が必要です。

▶福利厚生

職種：一般事務　　年齢・性別：20代後半・女性

・女性社員で3年の育休取得後，短時間制度を活用中の方もいます。急用で抜ける場合も，周囲が仕事をカバーして乗り切っています。
・更衣室の設置など女性の労働環境もだいぶ良くなってきています。
・男社会からの脱却という感じで，男女差もなく仕事が与えられます。

職種：施工管理　　年齢・性別：20代後半・男性

・女性の管理職は女性社員が比較的少ないのであまり多くありません。
・女性の場合，昇進については優遇されてきているように感じます。
・本人の頑張り次第で管理職への昇進も可能だと思います。
・管理職を目指すなら，上級職で採用されることが大事だと思います。

職種：物流サービス　　年齢・性別：30代後半・女性

・部署によっては女性の管理職が大半を占めているところもあります。
・一昔前は未婚でバリバリ働かないと管理職は難しかったようですが。
・結婚，出産，育児を経てバランス良くこなしている人が多いです。一般社員に比べて休日出勤等の負担は多少大きいかもしれません。

職種：サービス関連職　　年齢・性別：20代後半・女性

・女性が多い環境ということもあり，育児休暇などは取りやすいです。復職も一般の事務などと比べ，スムーズにできると思います。
・同僚や先輩も魅力的な方が多く，職場環境はとても良かったです。資格を取るなどモチベーションを保つ努力は必要だと思います。

▶労働環境

職種：技術関連職　年齢・性別：40代前半・男性

・運輸事業のみを見れば，堅調に推移しており，底堅いといえます。
・日本全体を考えると運輸の未来は明るくはないかもしれません。
・新たなビジネスをつくることで，問題解決に取り組むことが必要。旧態依然の体質のなか，スピード感が求められていると思います。

職種：経営企画　年齢・性別：50代後半・男性

・経営者，社員が一丸となって改革を継続していこうとしています。
・以前の会社とは良い意味で様変わりしているといえます。
・業績が回復した現在でも，更に引き締めつつ着実に前進しています。
・これをこれからも継続していけるか否かが勝負だろうと思います。

職種：個人営業　年齢・性別：30代後半・男性

・業績がV字回復を果たし，再び業績悪化させまいと皆必死です。
・一部には何となくこれで大丈夫という安心感が漂っているのも事実。
・プロ意識があまりに強く，自信がそうさせるのかもしれません。
・昔の親方日の丸的な雰囲気を払拭し，改革こそが発展のカギかと。

職種：経営企画　年齢・性別：20代後半・男性

・会社の改革の一環として，新たな人財育成計画が策定されました。
・これまでの教育プログラムよりも実践的なものになるようです。
・社員側も「自分で自分を磨くしかない」という意識が高いです。
・今後，世界企業の一員として羽ばたくことを目標に改革は進みます。

航空　国内企業リスト（一部抜粋）

会社名	本社住所
日本航空株式会社	東京都品川区東品川二丁目４番11号 野村不動産天王洲ビル
株式会社ジェイエア	大阪府池田市空港2-2-5 空港施設・大阪綜合ビル
株式会社ジャルエクスプレス	東京都大田区羽田空港3-3-2　第一旅客ターミナル4F
日本トランスオーシャン航空株式会社	沖縄県那覇市山下町3-24
琉球エアーコミューター株式会社	沖縄県那覇市山下町3-24
日本エアコミューター株式会社	鹿児島県霧島市溝辺町麓787-4
株式会社北海道エアシステム	札幌市東区丘珠町 丘珠空港内
全日本空輸株式会社	東京都港区東新橋1-5-2 汐留シティセンター
ANAウイングス株式会社	東京都大田区羽田空港3-3-2
株式会社エアージャパン	東京都大田区東糀谷六丁目７番56号
スカイマーク株式会社	東京都大田区羽田空港3-5-7
株式会社AIRDO	北海道札幌市中央区北１条西２丁目９　オーク札幌ビル８階
アイベックスエアラインズ株式会社	東京都江東区新砂1-2-3
スカイネットアジア航空株式会社	宮崎市大字赤江　宮崎空港内（宮崎空港ビル２階）
オリエンタルエアブリッジ株式会社	長崎県大村市箕島町593番地の２（長崎空港内）
株式会社スターフライヤー	福岡県北九州市小倉南区空港北町６番　北九州空港スターフライヤー本社ビル
新中央航空株式会社	東京都調布市西町２９０-３
第一航空株式会社	大阪府八尾市空港２丁目12番地（八尾空港内）
株式会社フジドリームエアラインズ	静岡県静岡市清水区入船町11-1
天草エアライン株式会社	熊本県天草市五和町城河原１丁目２０８０番地５
新日本航空株式会社	鹿児島県霧島市隼人町西光寺3525-1

第3章

就職活動のはじめかた

入りたい会社は決まった。しかし「就職活動とはそもそも何をしていいのかわからない」「どんな流れで進むかわからない」という声は意外と多い。ここでは就職活動の一般的な流れや内容，対策について解説していく。

▶就職活動のスケジュール

3月	4月	6月

就職活動スタート

2025年卒の就活スケジュールは,経団連と政府を中心に議論され,2024年卒の採用選考スケジュールから概ね変更なしとされている。

エントリー受付・提出

OB・OG訪問

企業の説明会には積極的に参加しよう。独自の企業研究だけでは見えてこなかった新たな情報を得る機会であるとともに，モチベーションアップにもつながる。また，説明会に参加した者だけに配布する資料などもある。

合同企業説明会

個別企業説明会

筆記試験・面接試験等始まる（3月～）

内々定(大手企業)

2月末までにやっておきたいこと

就職活動が本格化する前に，以下のことに取り組んでおこう。

◎自己分析　◎インターンシップ　◎筆記試験対策

◎業界研究・企業研究　◎学内就職ガイダンス

自分が本当にやりたいことはなにか，自分の能力を最大限に活かせる会社はどこか。自己分析と企業研究を重ね，それを文章などにして明確にしておき，面接時に最大限に活用できるようにしておこう。

※このスケジュール表は一般的なものです。本年(2019年度)の採用スケジュール表ではありませんので，ご注意ください。

7月

8月

10月

中小企業採用本格化

内定者の数が採用予定数に満たない企業，1年を通して採用を継続している企業，夏休み以降に採用活動を実施企業（後期採用）は採用活動を継続して行っている。大企業でも後期採用を行っていることもあるので，企業から内定が出ても，納得がいかなければ継続して就職活動を行うこともある。

中小企業の採用が本格化するのは大手企業より少し遅いこの時期から。HPなどで採用情報をつかむとともに，企業研究も怠らないようにしよう。

内々定とは10月1日以前に通知（電話等）されるもの。内定に関しては現在協定があり，10月1日以降に文書等にて通知される。

内々定(中小企業)

内定式(10月～)

どんな人物が求められる?

多くの企業は，常識やコミュニケーション能力があり，社会のできごとに高い関心を持っている人物を求めている。これは「会社の一員として将来の企業発展に寄与してくれるか」という視点に基づく，もっとも普遍的な選考基準だ。もちろん，「自社の志望を真剣に考えているか」「自社の製品，サービスにどれだけの関心を向けているか」という熱意の部分も重要な要素になる。

就活ロールプレイ！

理論編 STEP 1 就職活動のスタート

内定までの道のりは，大きく分けると以下のようになる。

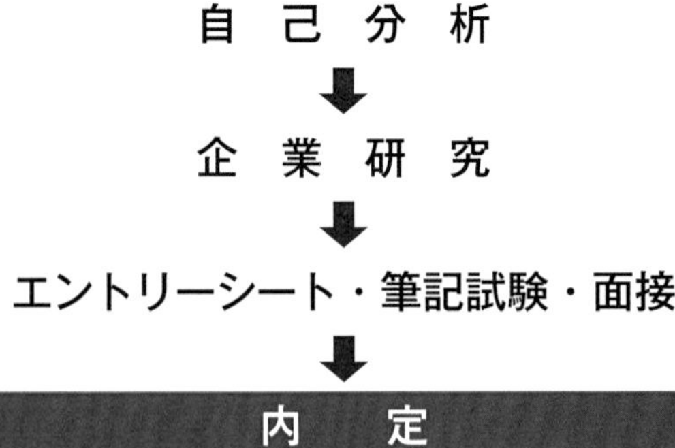

01 まず自己分析からスタート

就職活動とは，「企業に自分をPRすること」。自分自身の興味，価値観に加えて，強み・能力という要素が加わって，初めて企業側に「自分が働いたら，こういうポイントで貢献できる」と自分自身を売り込むことができるようになる。

■自分の来た道を振り返る

自己分析をするための第一歩は，「振り返ってみる」こと。

小学校，中学校など自分のいた“場”ごとに何をしたか（部活動など），何を学んだか，交友関係はどうだったか，興味のあったこと，覚えている印象的なことを書き出してみよう。

■テストを受けてみる

“自分では気がついていない能力”を客観的に検査してもらうことで，自分に向いている職種が見えてくる。下記の5種類が代表的なものだ。

①職業適性検査　②知能検査　③性格検査
④職業興味検査　⑤創造性検査

■先輩や専門家に相談してみる

就職活動をするうえでは，“いかに他人に自分のことをわかってもらうか”が重要なポイント。他者の視点で自分を分析してもらうことで，より客観的な視点で自己PRができるようになる。

自己分析の流れ

- ❏過去の経験を書いてみる
- ❏現在の自己イメージを明確にする…行動，考え方，好きなものなど。
- ❏他人から見た自分を明確にする
- ❏将来の自分を明確にしてみる…どのような生活をおくっていたいか。期待，夢，願望。なりたい自分はどういうものか，掘り下げて考える。→自己分析結果を，志望動機につなげていく。

理論編

STEP 2 企業の情報を収集する

01 企業の絞り込み

志望企業の絞り込みについての考え方は大きく分けて2つある。

第1は，同一業種の中で1次候補，2次候補……と絞り込んでいく方法。

第2は，業種を1次，2次，3次候補と変えながら，それぞれに2社程度ずつ絞り込んでいく方法。

第1の方法では，志望する同一業種の中で，一流企業，中堅企業，中小企業，縁故などがある歯止めの会社……というふうに絞り込んでいく。

第2の方法では，自分が最も望んでいる業種，将来好きになれそうな業種，発展性のある業種，安定性のある業種，現在好況な業種……というふうに区別して，それぞれに適当な会社を絞り込んでいく。

02 情報の収集場所

・キャリアセンター

・新聞

・インターネット

・企業情報

『就職四季報』（東洋経済新報社刊），『日経会社情報』（日本経済新聞社刊）などの企業情報。この種の資料は本来“株式市場”についての資料だが，その時期の景気動向を含めた情報を仕入れることができる。

・経済雑誌

『ダイヤモンド』（ダイヤモンド社刊）や『東洋経済』（東洋経済新報社刊），『エコノミスト』（毎日新聞出版刊）など。

・OB・OG／社会人

03 志望企業をチェック

①成長力

まず“売上高”。次に資本力の問題や利益率などの比率。いくら資本金があっても，それを上回る膨大な借金を抱えていて，いくら稼いでも利払いに追われまくるようでは，成長できないし，安定できない。

成長力を見るには自己資本率を割り出してみる。自己資本を総資本で割って100を掛けると自己資本率がパーセントで出てくる。自己資本の比率が高いほうが成長力もあり安定度も高い。

利益率は純利益を売上高で割って100を掛ける。利益率が高ければ，企業はどんどん成長するし，社員の待遇も上昇する。利益率が低いということは，仕事がどんなに忙しくても利益にはつながらないということになる。

②技術力

技術力は，短期的な見方と長期的な展望が必要になってくる。研究部門が適切な規模か，大学など企業外の研究部門との連絡があるか，先端技術の分野で開発を続けているかどうかなど。

③経営者と経営形態

会社が将来，どのような発展をするか，または衰退するかは経営者の経営哲学，経営方針によるところが大きい。社長の経歴を知ることも必要。創始者の息子，孫といった親族が社長をしているのか，サラリーマン社長か，官庁などからの天下りかということも大切なチェックポイント。

④社風

社風というのは先輩社員から後輩社員に伝えられ，教えられるもの。社風もいろいろな面から必ずチェックしよう。

⑤安定性

企業が成長しているか，安定しているかということは車の両輪。どちらか片方の回転が遅くなっても企業はバランスを失う。安定し，しかも成長する。これが企業として最も理想とするところ。

⑥待遇

初任給だけを考えてみても，それが手取りなのか，基本給なのか。基本給というのはボーナスから退職金，定期昇給の金額にまで響いてくる。また，待遇というのは給与ばかりではなく，福利厚生施設でも大きな差が出てくる。

■そのほかの会社比較の基準

1. ゆとり度

休暇制度は，企業によって独自のものを設定しているところもある。「長期休暇制度」といったものなどの制定状況と，また実際に取得できているかどうかも調べたい。

2. 独身寮や住宅設備

最近では，社宅は廃止し，住宅手当を多く出すという流れもある。寮や社宅についての福利厚生は調べておく。

3. オフィス環境

会社に根づいた慣習や社員に対する考え方が，意外にオフィスの設備やレイアウトに表れている場合がある。

たとえば，個人の専有スペースの広さや区切り方，パソコンなどOA機器の設置状況，上司と部下の机の配置など，会社によってずいぶん違うもの。玄関ロビーや受付の様子を観察するだけでも，会社ごとのカラーや特徴がどこかに見えてくる。

4. 勤務地

転勤はイヤ，どうしても特定の地域で生活していきたい。そんな声に応えて，最近は流通業などを中心に，勤務地限定の雇用制度を取り入れる企業も増えている。

column 初任給では分からない本当の給与

会社の給与水準には「初任給」「平均給与」「平均ボーナス」「モデル給与」など，判断材料となるいくつかのデータがある。これらのデータからその会社の給料の優劣を判断するのは非常に難しい。

たとえば中小企業の中には，初任給が飛び抜けて高い会社がときどきある。しかしその後の昇給率は大きくないのがほとんど。

一方，大手企業の初任給は業種間や企業間の差が小さく，ほとんど横並びと言っていい。そこで，「平均給与」や「平均ボーナス」などで将来の予測をするわけだが，これは一応の目安とはなるが，個人差があるので正確とは言えない。

04 就職ノートの作成

■決定版「就職ノート」はこう作る

1冊にすべて書き込みたいという人には，ルーズリーフ形式のノートがお勧め。会社研究，スケジュール，時事用語，OB／OG訪問，切り抜きなどの項目を作りインデックスをつける。

カレンダー，説明会，試験などのスケジュール表を貼り，とくに会社別の説明会，面談，書類提出，試験の日程がひと目で分かる表なども作っておく。そして見開き2ページで1社を載せ，左ページに企業研究，右ページには志望理由，自己PRなどを整理する。

就職ノートの主なチェック項目

- ❏企業研究…資本金，業務内容，従業員数など基礎的な会社概要から，過去の採用状況，業務報告などのデータ
- ❏採用試験メモ…日程，条件，提出書類，採用方法，試験の傾向など
- ❏店舗・営業所見学メモ…流通関係，銀行などの場合は，客として訪問し，商品（値段，使用価値，ユーザーへの配慮），店員（接客態度，商品知識，熱意，親切度），店舗（ショーケース，陳列の工夫，店内の清潔さ）などの面をチェック
- ❏OB／OG訪問メモ…OB／OGの名前，連絡先，訪問日時，面談場所，質疑応答のポイント，印象など
- ❏会社訪問メモ…連絡先，人事担当者名，会社までの交通機関，最寄り駅からの地図，訪問のときに得た情報や印象，訪問にいたるまでの経過も記入

05「OB／OG訪問」

「OB／OG訪問」は，実際は採用予備選考開始。まず，OB／OG訪問を希望したら，大学のキャリアセンター，教授などの紹介で，志望企業に勤める先輩の手がかりをつかむ。もちろん直接電話なり手紙で，自分の意向を会社側に伝えてもいい。自分の在籍大学，学部をはっきり言って，「先輩を紹介していただけないでしょうか」と依頼しよう。

OB／OG訪問時の質問リスト例

●採用について

- 成績と面接の比重
- 評価のポイント
- 採用までのプロセス（日程）
- 筆記試験の傾向と対策
- 面接は何回あるか
- コネの効力はどうか
- 面接で質問される事項　etc.

●仕事について

- 内容（入社10年，20年のOB/OG）
- 新入社員の仕事
- 希望職種につけるのか
- やりがいはどうか
- 残業，休日出勤，出張など
- 同業他社と比較してどうか　etc.

●社風について

- 社内のムード
- 上司や同僚との関係
- 仕事のさせ方　etc.

●待遇について

- 給与について
- 福利厚生の状態
- 昇進のスピード
- 離職率について　etc.

06 インターンシップ

インターンシップとは，学生向けに企業が用意している「就業体験」プログラム。ここで学生はさまざまな企業の実態をより深く知ることができ，その後の就職活動において自己分析，業界研究，職種選びなどに活かすことができる。また企業側にとっても有能な学生を発掘できるというメリットがあるため，導入する企業は増えている。

インターンシップ参加が採用につながっているケースもあるため，たくさん参加してみよう。

column コネを利用するのも１つの手段？

コネを活用できるのは，以下のような場合である。

・企業と大学に何らかの「連絡」がある場合

企業の新卒採用の場合，特定校・指定校が決められていることもある。企業側が過去の実績などに基づいて決めており，大学の力が大きくものをいう。

とくに理工系では，指導教授や研究室と企業との連絡が密接な場合が多く，教授の推薦が有利であることは言うまでもない。同じ大学出身の先輩とのコネも，この部類に区分できる。

・志望企業と「関係」ある人と関係がある場合

一般的に言えば，志望企業の取り引き先関係からの紹介というのが一番多い。ただし，年間億単位の実績が必要で，しかも部長・役員以上につながっていなければコネがあるとは言えない。

・志望企業と何らかの「親しい関係」がある場合

志望企業に勤務したりアルバイトをしていたことがあるという場合。インターンシップもここに分類される。職場にも馴染みがあり人間関係もできているので，就職に際してきわめて有利。

・志望会社に関係する人と「縁故」がある場合

縁故を「血縁関係」とした場合，日本企業ではこのコネはかなり有効なところもある。ただし，血縁者が同じ会社にいるというのは不都合なことも多いので，どの企業も慎重。

07 会社説明会のチェックポイント

1. 受付の様子

受付事務がテキパキとしていて，分かりやすいかどうか。社員の態度が親切で誠意が伝わってくるかどうか。

こういった受付の様子からでも，その会社の社員教育の程度や，新入社員採用に対する熱意とか期待を推し測ることができる。

2. 控え室の様子

控え室が2カ所以上あって，国立大学と私立大学の訪問者とが，別々に案内されているようなことはないか。また，面談の順番を意図的に変えているようなことはないか。これはよくある例で，すでに大半は内定しているということを意味する場合が多い。

3. 社内の雰囲気

社員の話し方，その内容を耳にはさむだけでも，社風が伝わってくる。

4. 面談の様子

何時間も待たせたあげくに，きわめて事務的に，しかも投げやりな質問しかしないような採用担当者である場合，この会社は人事が適正に行われていないということだから，一考したほうがよい。

説明会での質問項目

- 質問内容が抽象的でなく，具体性のあるものかどうか。
- 質問内容は，現在の社会・経済・政治などの情況を踏まえた，大学生らしい高度で専門性のあるものか。
- 質問をするのはいいが，「それでは，あなたの意見はどうか」と逆に聞かれたとき，自分なりの見解が述べられるものであるか。

理論編
STEP 3 提出書類を用意する

提出する書類は6種類。①〜③が大学に申請する書類，④〜⑥が自分で書く書類だ。大学に申請する書類は一度に何枚も入手しておこう。

①「卒業見込証明書」

②「成績証明書」

③「健康診断書」

④「履歴書」

⑤「エントリーシート」

⑥「会社説明会アンケート」

■自分で書く書類は「自己PR」

第1次面接に進めるか否かは「自分で書く書類」の出来にかかっている。「履歴書」と「エントリーシート」は会社説明会に行く前に準備しておくもの。「会社説明会アンケート」は説明会の際に書き，その場で提出する書類だ。

01 履歴書とエントリーシートの違い

Webエントリーを受け付けている企業に資料請求をすると，資料と一緒に「エントリーシート」が送られてくるので，応募サイトのフォームやメールでエントリーシートを送付する。Webエントリーを行っていない企業には，ハガキやメールで資料請求をする必要があるが，「エントリーシート」は履歴書とは異なり，企業が設定した設問に対して回答するもの。すなわちこれが「1次試験」であり，これにパスをした人だけが会社説明会に呼ばれる。

02 記入の際の注意点

■字はていねいに

字を書くところから，その企業に対する“本気度”は測られている。

■誤字，脱字は厳禁

使用するのは，黒のインク。

■修正液使用は不可

■数字は算用数字

■自分の広告を作るつもりで書く

自分はこういう人間であり，何がしたいかということを簡潔に書く。メリットになることだけで良い。自分に損になるようなことを書く必要はない。

■「やる気」を示す具体的なエピソードを

「私はやる気があります」「私は根気があります」という抽象的な表現だけではNG。それを示すエピソードのようなものを書かなくては意味がない。

Point

自己紹介欄の項目はすべて「自己PR」。自分はこういう人間であることを印象づけ，それがさらに企業への「志望動機」につながっていくような書き方をする。

column 履歴書やエントリーシートは，共通でもいい？

「履歴書」や「エントリーシート」は企業によって書き分ける。業種はもちろん，同じ業界の企業であっても求めている人材が違うからだ。各書類は提出前にコピーを取り，さらに出した企業名を忘れずに書いておくことも大切だ。

履歴書記入のPoint

写真	スナップ写真は不可。 スーツ着用で，胸から上の物を使用する。ポイントは「清潔感」。 氏名・大学名を裏書きしておく。
日付	郵送の場合は投函する日，持参する場合は持参日の日付を記入する。
生年月日	西暦は避ける。元号を省略せずに記入する。
氏名	戸籍上の漢字を使う。印鑑押印欄があれば忘れずに押す。
住所	フリガナ欄がカタカナであればカタカナで，平仮名であれば平仮名で記載する。
学歴	最初の行の中央部に「学□□歴」と2文字程度間隔を空けて，中学校卒業から大学（卒業・卒業見込み）まで記入する。 中途退学の場合は，理由を簡潔に記載する。留年は記入する必要はない。 職歴がなければ，最終学歴の一段下の行の右隅に，「以上」と記載する。
職歴	最終学歴の一段下の行の中央部に「職□□歴」と2文字程度間隔を空け記入する。 「株式会社」や「有限会社」など，所属部門を省略しないで記入する。 「同上」や「〃」で省略しない。 最終職歴の一段下の行の右隅に，「以上」と記載する。
資格・免許	4級以下は記載しない。学習中のものも記載して良い。 「普通自動車第一種運転免許」など，省略せずに記載する。
趣味・特技	具体的に（例：読書でもジャンルや好きな作家を）記入する。
志望理由	その企業の強みや良い所を見つけ出したうえで，「自分の得意な事」がどう活かせるかなどを考えぬいたものを記入する。
自己PR	応募企業の事業内容や職種にリンクするような，自分の経験やスキルなどを記入する。
本人希望欄	面接の連絡方法，希望職種・勤務地などを記入する。「特になし」や空白はNG。
家族構成	最初に世帯主を書き，次に配偶者，それから家族を祖父母，兄弟姉妹の順に。続柄は，本人から見た間柄。兄嫁は，義姉と書く。
健康状態	「良好」が一般的。

理論編 STEP4

エントリーシートの記入

01 エントリーシートの目的

・応募者を，決められた採用予定者数に絞り込むこと
・面接時の資料にする
の2つ。

■知りたいのは職務遂行能力

採用担当者が学生を見る場合は,「こいつは与えられた仕事をこなせるかどうか」という目で見ている。企業に必要とされているのは仕事をする能力なのだ。

Point

質問に忠実に，“自分がいかにその会社の求める人材に当てはまるか”を丁寧に答えること。

02 効果的なエントリーシートの書き方

■情報を伝える書き方

課題をよく理解していることを相手に伝えるような気持ちで書く。

■文章力

大切なのは全体のバランスが取れているか。書く前に，何をどれくらいの字数で収めるか計算しておく。

「起承転結」でいえば,「起」は，文章を起こす導入部分。「承」は，起を受けて，その提起した問題に対して承認を求める部分。「転」は，自説を展開する部分。もっともオリジナリティが要求される。「結」は,最後の締めの結論部分。文章の構成・まとめる力で，総合的な能力が高いことをアピールする。

参考 エントリーシートでよく取り上げられる題材と，その出題意図

エントリーシートで求められるものは，「自己PR」「志望動機」「将来どうなりたいか（目指すこと）」の3つに大別される。

1.「自己PR」

自己分析にしたがって作成していく。重要なのは，「なぜそうしようと思ったか？」「○○をした結果，何が変わったのか？何を得たのか？」という“連続性”が分かるかどうかがポイント。

2.「志望動機」

自己PRと一貫性を保ち，業界志望理由と企業志望理由を差別化して表現するように心がける。志望する業界の強みと弱み，志望企業の強みと弱みの把握は基本。

3.「将来の展望」

どんな社員を目指すのか，仕事へはどう臨もうと思っているか，目標は何か，などが問われる。仕事内容を事前に把握しておくだけでなく，5年後の自分，10年後の自分など，具体的な将来像を描いておくことが大切。

表現力，理解力のチェックポイント

❏文法，語法が正しいかどうか

❏論旨が論理的で一貫しているかどうか

❏1センテンスが簡潔かどうか

❏表現が統一されているかどうか（「です，ます」調か「だ，である」調か）

理論編

STEP 5 面接試験の進みかた

01 個人面接

●自由面接法

面接官と受験者のキャラクターやその場の雰囲気，質問と応答の進行具合などによって雑談形式で自由に進められる。

●標準面接法

自由面接法とは逆に，質問内容や評価の基準などがあらかじめ決まっている。実際には自由面接法と併用で，おおまかな質問事項や判定基準，評価ポイントを決めておき，質疑応答の内容上の制限を緩和しておくスタイルが一般的。1次面接などでは標準面接法をとり，2次以降で自由面接法をとる企業も多い。

●非指示面接法

受験者に自由に発言してもらい，面接官は話題を引き出したりするときなど，最小限の質問をするという方法。

●圧迫面接法

わざと受験者の精神状態を緊張させ，受験者がどのような応答をするかを観察し，判定する。受験者は，冷静に対応することが肝心。

02 集団面接

面接の方法は個人面接と大差ないが，面接官がひとつの質問をして，受験者が順にそれに答えるという方法と，面接官が司会役になって，座談会のような形式で進める方法とがある。

座談会のようなスタイルでの面接は，なるべく受験者全員が関心をもっているような話題を取りあげ，意見を述べさせるという方法。この際，司会役以外の面接官は一言も発言せず，判定・評価に専念する。

03 グループディスカッション

グループディスカッション（以下，GD）の時間は30～60分程度，1グループの人数は5～10人程度で，司会は面接官が行う場合や，時間を決めて学生が交替で行うことが多い。面接官は内容については特に指示することはなく，受験者がどのようにGDを進めるかを観察する。

評価のポイントは，全体的には理解力，表現力，指導性，積極性，協調性など，個別的には性格，知識，適性などが観察される。

GDの特色は，集団の中での個人ということで，受験者の能力がどの程度のものであるか，また，どのようなことに向いているかを判定できること。受験者は，グループの中における自分の位置を面接官に印象づけることが大切だ。

グループディスカッション方式の面接におけるチェックポイント

- ❏全体の中で適切な論点を提供できているかどうか。
- ❏問題解決に役立つ知識を持っているか，また提供できているかどうか。
- ❏もつれた議論を解きほぐし，的はずれの議論を元に引き戻す努力をしているかどうか。
- ❏グループ全体としての目標をいつも考えているかどうか。
- ❏感情的な対立や攻撃をしかけているようなことはないか。
- ❏他人の意見に耳を傾け，よい意見には賛意を表し，それを全体に推し広げようという寛大さがあるかどうか。
- ❏議論の流れを自然にリードするような主導性を持っているかどうか。
- ❏提出した意見が議論の進行に大きな影響を与えているかどうか。

04 面接時の注意点

●控え室

控え室には，指定された時間の15分前には入室しよう。そこで担当の係から，面接に際しての注意点や手順の説明が行われるので，疑問点は積極的に聞くようにし，心おきなく面接にのぞめるようにしておこう。会社によっては，所定のカードに必要事項を書き込ませたり，お互いに自己紹介をさせたりする場合もある。また，この控え室での行動も細かくチェックして，合否の資料にしている会社もある。

●入室・面接開始

係員がドアの開閉をしてくれる場合もあるが，それ以外は軽くノックして入室し，必ずドアを閉める。そして入口近くで軽く一礼し，面接官か補助員の「どうぞ」という指示で正面の席に進み，ここで再び一礼をする。そして，学校名と氏名を名のって静かに着席する。着席時は，軽く椅子にかけるようにする。

●面接終了と退室

面接の終了が告げられたら，椅子から立ち上がって一礼し，椅子をもとに戻して，面接官または係員の指示を受けて退室する。

その際も，ドアの前で面接官のほうを向いて頭を下げ，静かにドアを開閉する。控え室に戻ったら，係員の指示を受けて退社する。

05 面接試験の評定基準

●協調性

企業という「集団」では，他人との協調性が特に重視される。

感情や態度が円満で調和がとれていること，極端に好悪の情が激しくなく，物事の見方や考え方が穏健で中立であることなど，職場での人間関係を円滑に進めていくことのできる人物かどうかが評価される。

●話し方

外観印象的には，言語の明瞭さや応答の態度そのものがチェックされる。小さな声で自信のない発言，乱暴野卑な発言は減点になる。

考えをまとめたら，言葉を選んで話すくらいの余裕をもって，真剣に応答しようとする姿勢が重視される。軽率な応答をしたり，まして発言に矛盾を指摘されるような事態は極力避け，もしそのような状況になりそうなときは，自分の非を認めてはっきりと謝るような態度を示すべき。

●好感度

実社会においては，外観による第一印象が，人間関係や取引に大きく影響を及ぼす。

「フレッシュな爽やかさ」に加え，入社志望など，自分の意思や希望をより明確にすることで，強い信念に裏づけられた姿勢をアピールできるよう努力したい。

●判断力

何を質問されているのか，何を答えようとしているのか，常に冷静に判断していく必要がある。

●表現力

話に筋道が通り理路整然としているか，言いたいことが簡潔に言えるか，話し方に抑揚があり聞く者に感銘を与えるか，用語が適切でボキャブラリーが豊富かどうか。

●積極性

活動意欲があり，研究心旺盛であること，進んで物事に取り組み，創造的に解決しようとする意欲が感じられること，話し方にファイトや情熱が感じられること，など。

●計画性

見通しをもって順序よく合理的に仕事をする性格かどうか，またその能力の有無。企業の将来性のなかに，自分の将来をどうかみ合わせていこうとしているか，現在の自分を出発点として，何を考え，どんな仕事をしたいのか。

●安定性

情緒の安定は，社会生活に欠くことのできない要素。自分自身をよく知っているか，他の人に流されない信念をもっているか。

●誠実性

自分に対して忠実であろうとしているか，物事に対してどれだけ誠実な考え方をしているか。

●社会性

企業は集団活動なので，自分の考えに固執したり，不平不満が多い性格は向かない。柔軟で適応性があるかどうか。

清潔感や明朗さ，若々しさといった外観面も重視される。

06 面接試験の質問内容

1. 志望動機

受験先の概要や事業内容はしっかりと頭の中に入れておく。また，その企業の企業活動の社会的意義と，自分自身の志望動機との関連を明確にしておく。「安定している」「知名度がある」「将来性がある」といった利己的な動機，「自分の性格に合っている」というような，あいまいな動機では説得力がない。安定性や将来性は，具体的にどのような企業努力によって支えられているのかという考察も必要だし，それに対する受験者自身の評価や共感なども問われる。

①どうしてその業種なのか

②どうしてその企業なのか

③どうしてその職種なのか

以上の①〜③と，自分の性格や資質，専門などとの関連性を説明できるようにしておく。

自分がどうしてその会社を選んだのか，どこに大きな魅力を感じたのかを，できるだけ具体的に，情熱をもって語ることが重要。自分の長所と仕事の適性を結びつけてアピールし，仕事のやりがいや仕事に対する興味を述べるのもよい。

■複数の企業を受験していることは言ってもいい？

同じ職種，同じ業種で何社かかけもちしている場合，正直に答えてもかまわない。しかし，「第一志望はどこですか」というような質問に対して，正直に答えるべきかどうかというと，やはりこれは疑問がある。どんな会社でも，他社を第一志望にあげられれば，やはり愉快には思わない。

また，職種や業種の異なる会社をいくつか受験する場合も同様で，極端に性格の違う会社をあげれば，その矛盾を突かれるのは必至だ。

2. 仕事に対する意識・職業観

採用試験の段階では，次年度の配属予定が具体的に固まっていない会社もかなりある。具体的に職種や部署などを細分化して募集している場合は別だが，そうでない場合は，希望職種をあまり狭く限定しないほうが賢明。どの業界においても，採用後，新入社員には，研修としてその会社の各セクションをひと通り経験させる企業は珍しくない。そのうえで，具体的な配属計画を検討するのだ。

大切なことは，就職や職業というものを，自分自身の生き方の中にどう位置づけるか，また，自分の生活の中で仕事とはどういう役割を果たすのかを考えてみること。つまり自分の能力を活かしたい，社会に貢献したい，自分の存在価値を社会的に実現してみたい，ある分野で何か自分の力を試してみたい……，などの場合を考え，それを自分自身の人生観，志望職種や業種などとの関係を考えて組み立ててみる。自分の人生観をもとに，それを自分の言葉で表現できるようにすることが大切。

3. 自己紹介・自己PR

性格そのものを簡単に変えたり，欠点を克服したりすることは実際には難しいが，“仕方がない”という姿勢を見せることは禁物で，どんなささいなことでも，努力している面をアピールする。また一般的にいって，専門職を除けば，就職時になんらかの資格や技能を要求する企業は少ない。

ただ，資格をもっていれば採用に有利とは限らないが，専門性を要する業種では考慮の対象とされるものもある。たとえば英検，簿記など。

企業が学生に要求しているのは，4年間の勉学を重ねた学生が，どのように仕事に有用であるかということで，学生の知識や学問そのものを聞くのが目的ではない。あくまで，社会人予備軍としての謙虚さと素直さを失わないようにする。

知識や学力よりも，その人の人間性，ビジネスマンとしての可能性を重視するからこそ，面接担当者は，学生生活全般について尋ねることで，書類だけでは分からない人間性を探ろうとする。

何かうち込んだものや思い出に残る経験などは，その人の人間的な成長になんらかの作用を及ぼしているものだ。どんな経験であっても，そこから受けた印象や教訓などは，明確に答えられるようにしておきたい。

4. 一般常識・時事問題

一般常識・時事問題については筆記試験の分野に属するが，面接でこうしたテーマがもち出されることも珍しくない。受験者がどれだけ社会問題に関心をもっているか，一般常識をもっているか，また物事の見方・考え方に偏りがないかなどを判定する。知識や教養だけではなく，一問一答の応答を通じて，その人の性格や適応能力まで判断されることになる。

07 面接に向けての事前準備

■面接試験1カ月前までには万全の準備をととのえる

●志望会社・職種の研究

新聞の経済欄や経済雑誌などのほか，会社年鑑，株式情報など書物による研究をしたり，インターネットにあがっている企業情報や，検索によりさまざまな角度から調べる。すでにその会社へ就職している先輩や知人に会って知識を得たり，大学のキャリアセンターへ情報を求めるなどして総合的に判断する。

■専攻科目の知識・卒論のテーマなどの整理

大学時代にどれだけ勉強してきたか，専攻科目や卒論のテーマなどを整理しておく。

■時事問題に対する準備

毎日欠かさず新聞を読む。志望する企業の話題は，就職ノートに整理するなどもアリ。

面接当日の必需品

- ❏必要書類（履歴書，卒業見込証明書，成績証明書，健康診断書，推薦状）
- ❏学生証
- ❏就職ノート（志望企業ファイル）
- ❏印鑑，朱肉
- ❏筆記用具（万年筆，ボールペン，サインペン，シャープペンなど）
- ❏手帳，ノート
- ❏地図（訪問先までの交通機関などをチェックしておく）
- ❏現金（小銭も用意しておく）
- ❏腕時計（オーソドックスなデザインのもの）
- ❏ハンカチ，ティッシュペーパー
- ❏くし，鏡（女性は化粧品セット）
- ❏シューズクリーナー
- ❏ストッキング
- ❏折りたたみ傘（天気予報をチェックしておく）
- ❏携帯電話，充電器

理論編 STEP6

筆記試験の種類

■一般常識試験

社会人として企業活動を行ううえで最低限必要となる一般常識のほか，英語，国語，社会(時事問題)，数学などの知識の程度を確認するもの。

難易度はおおむね中学・高校の教科書レベル。一般常識の問題集を1冊やっておけばよいが，業界によっては専門分野が出題されることもあるため，必ず志望する企業のこれまでの試験内容は調べておく。

■一般常識試験の対策

- **英語**　慣れておくためにも，教科書を復習する，英字新聞を読むなど。
- **国語**　漢字，四字熟語，反対語，同音異義語，ことわざをチェック。
- **時事問題**　新聞や雑誌，テレビ，ネットニュースなどアンテナを張っておく。

■適性検査

SPI（Synthetic Personality Inventory）試験（SPI3試験）とも呼ばれ，能力テストと性格テストを合わせたもの。

能力テストでは国語能力を測る「言語問題」と，数学能力を測る「非言語問題」がある。言語的能力，知覚能力，数的能力のほか，思考・推理能力，記憶力，注意力などの問題で構成されている。

性格テストは「はい」か「いいえ」で答えていく。仕事上の適性と性格の傾向などが一致しているかどうかをみる。

Point

SPIは職務への適応性を客観的にみるためのもの。

理論編 STEP 7

論作文の書き方

01 「論文」と「作文」

一般に「論文」はあるテーマについて自分の意見を述べ，その論証をする文章で，必ず意見の主張とその論証という2つの部分で構成される。問題提起と論旨の展開，そして結論を書く。

「作文」は，一般的には感想文に近いテーマ，たとえば「私の興味」「将来の夢」といったものがある。

就職試験では「論文」と「作文」を合わせた“論作文”とでもいうようなものが出題されることが多い。

論作文試験とは，「文章による面接」。テーマに書き手がどういう態度を持っているかを知ることが，出題の主な目的だ。受験者の知識・教養・人生観・社会観・職業観，そして将来への希望などが，どのような思考を経て，どう表現されているかによって，企業にとって，必要な人物かどうかを判断している。

論作文の場合には，書き手の社会的意識や考え方に加え，「感銘を与える」働きが要求される。就職活動とは，企業に対し「自分をアピールすること」だということを常に念頭に置いておきたい。

Point

論文と作文の違い

	論　文	作　文
テーマ	学術的・社会的・国際的なテーマ。時事，経済問題など	個人的・主観的なテーマ。人生観，職業観など
表現	自分の意見や主張を明確に述べる。	自分の感想を述べる。
展開	四段型（起承転結）の展開が多い。	三段型（はじめに・本文・結び）の展開が多い。
文体	「だ調・である調」のスタイルが多い。	「です調・ます調」のスタイルが多い。

02 採点のポイント

・テーマ

与えられた課題（テーマ）を，受験者はどのように理解しているか。

出題されたテーマの意義をよく考え，それに対する自分の意見や感情が，十分に整理されているかどうか。

・表現力

課題について本人が感じたり，考えたりしたことを，文章で的確に表しているか。

・字・用語・その他

かなづかいや送りがなが合っているか，文中で引用されている格言やことわざの類が使用法を間違えていないか，さらに誤字・脱字に至るまで，文章の基本的な力が受験者の人柄ともからんで厳密に判定される。

・オリジナリティ

魅力がある文章とは，オリジナリティを率直に出すこと。自分の感情や意見を，自分の言葉で表現する。

・生活態度

文章は，書き手の人格や人柄を映し出す。平素の社会的関心や他人との協調性，趣味や読書傾向はどうであるかといった，受験者の日常における生き方，生活態度がみられる。

・字の上手・下手

できるだけ読みやすい字を書く努力をする。また，制限字数より文章が長くなって原稿用紙の上下や左右の空欄に書き足したりすることは避ける。消しゴムで消す場合にも，丁寧に。

いずれの場合でも，表面的な文章力を問うているのではなく，受験者の人柄のほうを重視している。

マナーチェックリスト

就活において企業の人事担当は，面接試験やOG／OB訪問，そして面接試験において，あなたのマナーや言葉遣いといった，「常識力」をチェックしている。現在の自分はどのくらい「常識力」が身についているかをチェックリストで振りかえり，何ができて，何ができていないかを明確にしたうえで，今後の取り組みに生かしていこう。

評価基準　5：大変良い　4：やや良い　3：どちらともいえない　2：やや悪い　1：悪い

	項目	評価	メモ
挨拶	明るい笑顔と声で挨拶をしているか		
	相手を見て挨拶をしているか		
	相手より先に挨拶をしているか		
	お辞儀を伴った挨拶をしているか		
	直接の応対者でなくても挨拶をしているか		
表情	笑顔で応対しているか		
	表情に私的感情がでていないか		
	話しかけやすい表情をしているか		
	相手の話は真剣な顔で聞いているか		
身だしなみ	前髪は目にかかっていないか		
	髪型は乱れていないか／長い髪はまとめているか		
	髭の剃り残しはないか／化粧は健康的か		
	服は汚れていないか／清潔に手入れされているか		
	機能的で職業・立場に相応しい服装をしているか		
	華美なアクセサリーはつけていないか		
	爪は伸びていないか		
	靴下の色は適当か／ストッキングの色は自然な肌色か		
	靴の手入れは行き届いているか		
	ポケットに物を詰めすぎていないか		

	項目	評価	メモ
言葉遣い	専門用語を使わず，相手にわかる言葉で話しているか		
	状況や相手に相応しい敬語を正しく使っているか		
	相手の聞き取りやすい音量・速度で話しているか		
	語尾まで丁寧に話しているか		
	気になる言葉癖はないか		
動作	物の授受は両手で丁寧に実施しているか		
	案内・指し示し動作は適切か		
	キビキビとした動作を心がけているか		
心構え	勤務時間・指定時間の５分前には準備が完了しているか		
	心身ともに健康管理をしているか		
	仕事とプライベートの切替えができているか		

☑ 常に自己点検をするクセをつけよう

「人を表情やしぐさ，身だしなみなどの見かけで判断してはいけない」と一般にいわれている。確かに，人の個性は見かけだけではなく，内面においても見いだされるもの。しかし，私たちは人を第一印象である程度決めてしまう傾向がある。それが面接試験など初対面の場合であればなおさらだ。したがって，チェックリストにあるような挨拶，表情，身だしなみ等に注意して面接試験に臨むことはとても重要だ。ただ，これらは面接試験前にちょっと対策したからといって身につくようなものではない。付け焼き刃的な対策をして面接試験に臨んでも，面接官はあっという間に見抜いてしまう。日頃からチェックリストにあるような項目を意識しながら行動することが大事であり，そうすることで，最初はぎこちない挨拶や表情等も，その人の個性に応じたすばらしい所作へ変わっていくことができるのだ。さっそく，本日から実行してみよう。

実践編

STEP 1 表情

面接試験において，印象を決定づける表情はとても大事。
どのようにすれば感じのいい表情ができるのか，ポイントを確認していこう。

明るく,温和で柔らかな表情をつくろう

人間関係の潤滑油

表情に関しては，まずは豊かであるということがベースになってくる。うれしい表情，困った表情，驚いた表情など，さまざまな気持ちを表現できるということが，人間関係を潤いのあるものにしていく。

Point

表情はコミュニケーションの大前提。相手に「いつでも話しかけてくださいね」という無言の言葉を発しているのが，就活に求められる表情だ。面接官が安心してコミュニケーションをとろうと思ってくれる表情。それが，明るく，温和で柔らかな表情となる。

いますぐデキる

カンタンTraining

Training 01

喜怒哀楽を表してみよう

・人との出会いを楽しいと思うことが表情の基本
・表情を豊かにする大前提は相手の気持ちに寄り添うこと
・目元・口元だけでなく，眉の動きを意識することが大事

Training 02

表情筋のストレッチをしよう

・表情筋は「ウイスキー」の発音によって鍛える
・意識して毎日，取り組んでみよう
・笑顔の共有によって相手との距離が縮まっていく

実践編 STEP 2

挨拶

コミュニケーションは挨拶から始まり，その挨拶ひとつで印象は変わるもの。ポイントを確認していこう。

丁寧にしっかりとはっきり挨拶をしよう

人間関係の第一歩

挨拶は心を開いて，相手に近づくコミュニケーションの第一歩。たかが挨拶，されど挨拶の重要性をわきまえて，きちんとした挨拶をしよう。形，つまり“技”も大事だが，心をこめることが最も重要だ。

Point

挨拶はコミュニケーションの第一歩。相手が挨拶するのを待っているのは望ましくない。挨拶の際のポイントは丁寧であることと，はっきり声に出すことの2つ。丁寧な挨拶は，相手を大事にして迎えている気持ちの表れとなる。はっきり声に出すことで，これもきちんと相手を迎えていることが伝わる。また，相手もその応答として挨拶してくれることで，会ってすぐに双方向のコミュニケーションが成立する。

いますぐデキる

カンタンTraining

Training 01

3つのお辞儀をマスターしよう

① 会釈（15度）

② 敬礼（30度）

③ 最敬礼（45度）

- 息を吸うことを意識してお辞儀をするとキレイな姿勢に
- 目線は真下ではなく，床前方1.5m先ぐらいを見よう
- 相手への敬意を忘れずに

Training 02

対面時は言葉が先，お辞儀が後

- 相手に体を向けて先に自ら挨拶をする
- 挨拶時，相手とアイコンタクトをしっかり取ろう
- 挨拶の後に，お辞儀をする。これを「語先後礼」という

実践編 STEP 3

聞く姿勢

コミュニケーションは「話す」よりも「聞く」ことといわれる。相手が話しやすい聞き方の，ポイントを確認しよう。

相手の話を受けとめる

話を聞くときは，やや前に傾く姿勢をとる。表情と姿勢が合わさることにより，話し手の心が開き「あれも，これも話そう」という気持ちになっていく。また，「はい」と一度のお辞儀で頷くと相手の話を受け止めているというメッセージにつながる。

Point

話をすること，話を聞いてもらうことは誰にとってもプレッシャーを伴うもの。そのため，「何でも話して良いんですよ」「何でも話を聞きますよ」「心配しなくて良いんですよ」という気持ちで聞くことが大切になる。その気持ちが聞く姿勢に表れれば，相手は安心して話してくれる。

いますぐデキる

カンタンTraining

Training 01

頷きは一度で

・相手が話した後に「はい」と
一言発する
・頷きすぎは逆効果

Training 02

目線は自然に

・鼻の付け根あたりを見ると
自然な印象に
・目を見つめすぎるのはＮＧ

Training 03

話の句読点で視線を移す

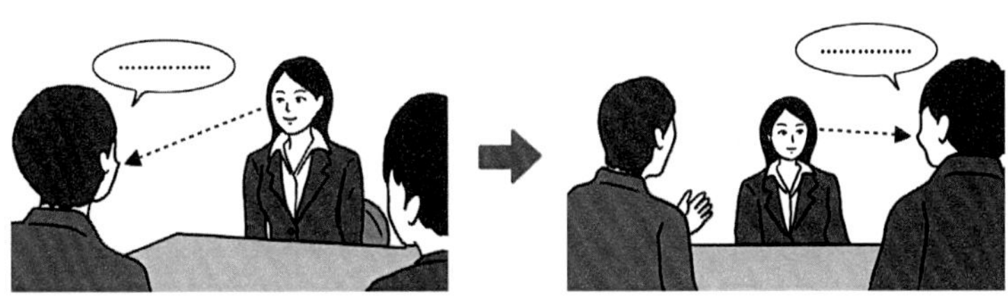

・視線は話している人を見ることが基本
・複数の人の話を聞くときは句読点を意識し，
視線を振り分けることで聞く姿勢を表す

実践編
STEP4 伝わる話し方

自分の意思を相手に明確に伝えるためには，話し方が重要となる。はっきりと的確に話すためのポイントを確認しよう。

ボリュームを意識して

話すときのポイントとしては，ボリュームを意識することが挙げられる。会議室の一番奥にいる人に声が届くように意識することで，声のボリュームはコントロールされていく。

Point

コミュニケーションとは「伝達」すること。どのようなことも，適当に伝えるのではなく，伝えるべきことがきちんと相手に届くことが大切になる。そのためには，はっきりと，分かりやすく，丁寧に，心を込めて話すこと。言葉だけでなく，表情やジェスチャーを加えることも有効。

いますぐデキる
カンタンTraining

Training **01**

腹式呼吸で発声練習

・「あえいうえおあお」と発声する
・腹式呼吸は，胸部をなるべく動かさずに，息を吸うときにお腹や腰が膨らむよう意識する呼吸法

Training **02**

早口言葉にチャレンジ

・「おあやや，母親に，お謝り」と早口で
・口がすぼまった「お」と口が開いた「あ」の発音に，変化をつけられるかがポイント

Training **03**

ジェスチャーを有効活用

・腰より上でジェスチャーをする
・体から離した位置に手をもっていく
・ジェスチャーをしたら戻すところをさだめておく

実践編 STEP 5 身だしなみ

身だしなみはその人自身を表すもの。身だしなみの基本について，ポイントを確認しよう。

清潔感，さわやかさを醸し出せるようにしよう

プロの企業人にふさわしい身だしなみを

信頼感，安心感をもたれる身だしなみを考えよう。TPOに合わせた服装は，すなわち“礼”を表している。そして，身だしなみには，「清潔感」，「品のよさ」，「控え目である」という，3つのポイントがある。

Point

相手との心理的な距離や物理的な距離が遠ければ，コミュニケーションは成立しにくくなる。見た目が不潔では誰も近付いてこない。身だしなみが清潔であること，爽やかであることは相手との距離を縮めることにも繋がる。

いますぐデキる

カンタンTraining

Training 01

髪型，服装を整えよう

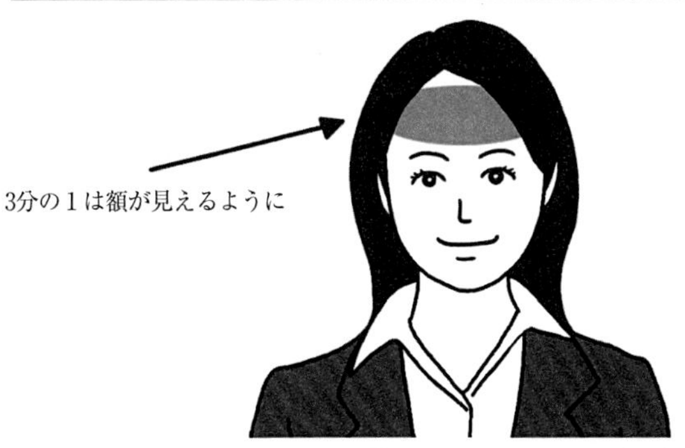

- 男性も女性も眉が見える髪型が望ましい。３分の１は額が見えるように。額は知性と清潔感を伝える場所。男性の髪の長さは耳や襟にかからないように
- スーツで相手の前に立つときは，ボタンはすべて留める。男性の場合は下のボタンは外す

Training 02

おしゃれとの違いを明確に

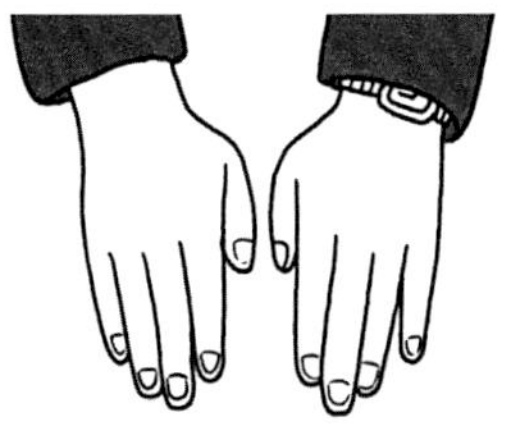

- 爪はできるだけ切りそろえる
- 爪の中の汚れにも注意
- ジェルネイル，ネイルアートはNG

Training 03

足元にも気を配って

- 女性の場合はパンプス，男性の場合は黒の紐靴が望ましい
- 靴はこまめに汚れを落とし見栄えよく

実践編 STEP6

姿勢

姿勢にはその人の意欲が反映される。前向き，活動的な姿勢を表すにはどうしたらよいか，ポイントを確認しよう。

前向き,活動的な姿勢を維持しよう

一直線と左右対称

正しい立ち姿として，耳，肩，腰，くるぶしを結んだ線が一直線に並んでいることが最大のポイントになる。そのラインが直線に近づくほど立ち姿がキレイに整っていることになる。また，“左右対称”というのもキレイな姿勢の要素のひとつになる。

Point

姿勢は，身体と心の状態を反映するもの。そのため，良い姿勢でいることは，印象が清々しいだけでなく，健康で元気そうに見え，話しかけやすさにも繋がる。歩く姿勢，立つ姿勢，座る姿勢など，どの場面にも心身の健康状態が表れるもの。日頃から心身の健康状態に気を配り，フィジカルとメンタル両面の自己管理を心がけよう。

いますぐデキる
カンタンTraining

Training **01**

キレイな歩き方を心がけよう

・女性は１本の線上を，男性はそれよりも太い線上を沿うように歩く
・一歩踏み出したときに前の足に体重を乗せるように，腰から動く
・12時の方向につま先をもっていく

Training **02**

前向きな気持ちを持とう

・常に前向きな気持ちが姿勢を正す
・ポジティブ思考を心がけよう

実践編 STEP 7

正しい言葉遣い

言葉遣いの正しさはとは，場面にあった言葉を遣うということ。相手を気づかいながら，言葉を選ぶことで，より正しい言葉に近づいていく。

相手と場面に合わせた ふさわしい言葉遣いを

次の文は接客の場面でよくある間違えやすい敬語です。
それぞれの言い方は○×どちらでしょうか。

問１「資料をご拝読いただきありがとうございます」

問２「こちらのパンフレットはもういただかれましたか？」

問３「恐れ入りますが，こちらの用紙にご記入してください」

問４「申し訳ございませんが，来週，休ませていただきます」

問５「先ほどの件，帰りましたら上司にご報告いたしますので」

Point

ビジネスのシーンに敬語は欠くことができない。何度もやり取りをしていく中で，親しさの度合いによっては，あえてくだけた表現を用いることもあるが，「親しき仲にも礼儀あり」と言われるように，敬意や心づかいをおろそかにしてはいけないもの。相手に誤解されたり，相手の気分を壊すことのないように，相手や場面にふさわしい言葉遣いが大切になる。

解答と解説

問1（×） ○正しい言い換え例

→「ご覧いただきありがとうございます」など

「拝読」は自分が「読む」意味の謙譲語なので，相手の行為に使うのは誤り。読むと見るは同義なため，多く，見るの尊敬語「ご覧になる」が用いられる。

問2（×） ○正しい言い換え例

→「お持ちですか」「お渡ししましたでしょうか」 など

「いただく」は，食べる・飲む・もらうの謙譲語。「もらったかどうか」と聞きたいのだから，「おもらいになりましたか」と言えないこともないが，持っているかどうか，受け取ったかどうかという意味で「お持ちですか」などが使われることが多い。また，自分側が渡すような場合は，「お渡しする」を使って「お渡ししましたでしょうか」などの言い方に換えることもできる。

問3（×） ○正しい言い換え例

→「恐れ入りますが，こちらの用紙にご記入ください」など

「ご記入する」の「お（ご）～する」は謙譲語の形。相手の行為を謙譲語で表すことになるため誤り。「して」を取り除いて「ご記入ください」か，和語に言い換えて「お書きください」とする。ほかにも「お書き／ご記入・いただけますでしょうか・願います」などの表現もある。

問4（△）

有給休暇を取る場合や，弔事等で休むような場面で，用いられることも多い。「休ませていただく」ということで一見丁寧に響くが，「来週休むと自分で休みを決めている」という勝手な表現にも受け取られかねない言葉だ。ここは同じ「させていただく」を用いても，相手の都合をうかがう言い方に換えて「○○がございまして，申し訳ございませんが，休みをいただいてもよろしいでしょうか」などの言い換えが好ましい。

問5（×）○正しい言い換え例

→「上司に報告いたします」

「ご報告いたします」は，ソトの人との会話で使うとするならば誤り。「ご報告いたします」の「お・ご～いたす」は，「お・ご～する」と「～いたす」という2つの敬語を含む言葉。そのうちの「お・ご～する」は，主語である自分を低めて相手＝上司を高める働きをもつ表現（謙譲語Ⅰ）。一方「～いたす」は，主語の私を低めて，話の聞き手に対して丁重に述べる働きをもつ表現（謙譲語Ⅱ　丁重語）。「お・ご～する」も「～いたす」も同じ謙譲語であるため紛らわしいが，主語を低める（謙譲）という働きは同じでも，行為の相手を高める働きがあるかないかという点に違いがあるといえる。

実践編 STEP 8

正しい敬語

敬語は正しく使用することで，相手の印象を大きく変えることができる。尊敬語，謙譲語の区別をはっきりつけて，誤った用法で話すことのないように気をつけよう。

言葉の使い方がマナーを表す!

■よく使われる尊敬語の形 「言う・話す・説明する」の例

専用の尊敬語型	おっしゃる
～れる・～られる型	言われる・話される・説明される
お（ご）～になる型	お話しになる・ご説明になる
お（ご）～なさる型	お話しなさる・ご説明なさる

■よく使われる謙譲語の形 「言う・話す・説明する」の例

専用の謙譲語型	申す・申し上げる
お（ご）～する型	お話しする・ご説明する
お（ご）～いたす型	お話しいたします・ご説明いたします

Point

同じ尊敬語・謙譲語でも，よく使われる代表的な形がある。ここではその一例をあげてみた。敬語の使い方に迷ったときなどは，まずはこの形を思い出すことで，大抵の語はこの型にはめ込むことができる。同じ言葉を用いたほうがよりわかりやすいといえるので，同義に使われる「言う・話す・説明する」を例に考えてみよう。

ほかにも「お話しくださる」や「お話しいただく」「お元気でいらっしゃる」などの形もあるが，まずは表の中の形を見直そう。

■よく使う動詞の尊敬語・謙譲語

なお，尊敬語の中の「言われる」などの「れる・られる」を付けた形は省力している。

基本	尊敬語（相手側）	謙譲語（自分側）
会う	お会いになる	お目にかかる・お会いする
言う	おっしゃる	申し上げる・申す
行く・来る	いらっしゃる おいでになる お見えになる お越しになる お出かけになる	伺う・参る お伺いする・参上する
いる	いらっしゃる・おいでになる	おる
思う	お思いになる	存じる
借りる	お借りになる	拝借する・お借りする
聞く	お聞きになる	拝聴する 拝聞する お伺いする・伺う お聞きする
知る	ご存じ（知っているという意で）	存じ上げる・存じる
する	なさる	いたす
食べる・飲む	召し上がる・お召し上がりになる お飲みになる	いただく・頂戴する
見る	ご覧になる	拝見する
読む	お読みになる	拝読する

「お伺いする」「お召し上がりになる」などは，「伺う」「召し上がる」自体が敬語なので「二重敬語」ですが，慣習として定着しており間違いではないもの。

Point

上記の「敬語表」は，よく使うと思われる動詞をそれぞれ尊敬語・謙譲語で表したもの。このように大体の言葉は型にあてはめることができる。言葉の中には「お（ご）」が付かないものもあるが，その場合でも「～なさる」を使って，「スピーチなさる」や「運営なさる」などと言うことができる。また，表では，「言う」の尊敬語「言われる」の例は省いているが，れる・られる型の「言われる」よりも「おっしゃる」「お話しになる」「お話しなさる」などの言い方のほうが，より敬意も高く，言葉としても何となく響きが落ち着くといった印象を受けるものとなる。

実践編 STEP 9

会話力

会話は相手があってのこと。いかなる場合でも，相手に対する心くばりを忘れないことが，会話をスムーズに進めるためのコツになる。

心くばりを添えるひと言で言葉の印象が変わる!

相手に何かを頼んだり，また相手の依頼を断ったり，相手の抗議に対して反論したりする場面では，いきなり自分の意見や用件を切り出すのではなく，場面に合わせて心くばりを伝えるひと言を添えてから本題に移ると，響きがやわらかくなり，こちらの意向も伝えやすくなる。俗にこれは「クッション言葉」と呼ばれている。(右表参照)

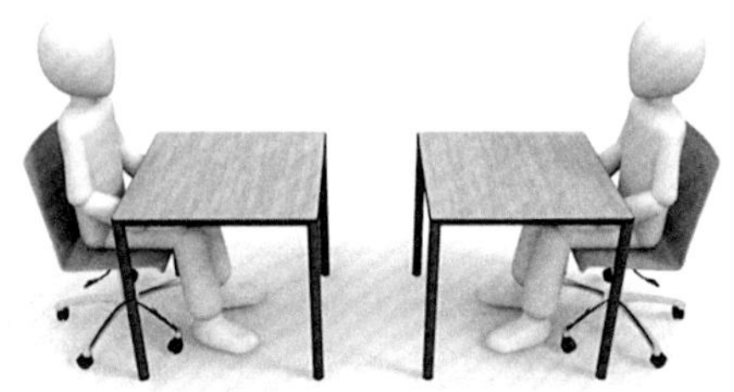

Point

ビジネスの場面で，相手と話したり手紙やメールを送る際には，何か依頼事があってという場合が多いもの。その場合に「ちょっとお願いなんですが…」では，ふだんの会話と変わりがないものになってしまう。そこを「突然のお願いで恐れ入りますが」「急にご無理を申しまして」「こちらの勝手で恐縮に存じますが」「折り入ってお願いしたいことがございまして」などの一言を添えることで，直接的なきつい感じが和らぐだけでなく，「申し訳ないのだけれど，もしもそうしていただくことができればありがたい」という，相手への配慮や願いの気持ちがより強まる。このような前置きの言葉もうまく用いて，言葉に心くばりを添えよう。

相手の意向を尋ねる場合	「よろしければ」「お差し支えなければ」 「ご都合がよろしければ」「もしお時間がありましたら」 「もしお嫌いでなければ」「ご興味がおありでしたら」
相手に面倒をかけてしまうような場合	「お手数をおかけしますが」 「ご面倒をおかけしますが」 「お手を煩わせまして恐縮ですが」 「お忙しい時に申し訳ございませんが」 「お時間を割いていただき申し訳ありませんが」 「貴重なお時間を頂戴し恐縮ですが」
自分の都合を述べるような場合	「こちらの勝手で恐縮ですが」 「こちらの都合（ばかり）で申し訳ないのですが」 「私どもの都合ばかりを申しまして，まことに申し訳なく存じますが」 「ご無理を申し上げまして恐縮ですが」
急な話をもちかけた場合	「突然のお願いで恐れ入りますが」 「急にご無理を申しまして」 「もっと早くにご相談申し上げるべきところでございましたが」 「差し迫ってのことでまことに申し訳ございませんが」
何度もお願いする場合	「たびたびお手数をおかけしまして恐縮に存じますが」 「重ね重ね恐縮に存じますが」 「何度もお手を煩わせまして申し訳ございませんが」 「ご面倒をおかけしてばかりで，まことに申し訳ございませんが」
難しいお願いをする場合	「ご無理を承知でお願いしたいのですが」 「たいへん申し上げにくいのですが」 「折り入ってお願いしたいことがございまして」
あまり親しくない相手にお願いする場合	「ぶしつけなお願いで恐縮ですが」 「ぶしつけながら」 「まことに厚かましいお願いでございますが」
相手の提案・誘いを断る場合	「申し訳ございませんが」 「（まことに）残念ながら」 「せっかくのご依頼ではございますが」 「たいへん恐縮ですが」 「身に余るお言葉ですが」 「まことに失礼とは存じますが」 「たいへん心苦しいのですが」 「お引き受けしたいのはやまやまですが」
問い合わせの場合	「つかぬことをうかがいますが」 「突然のお尋ねで恐縮ですが」

実践編

STEP 10 文章の書き方

ここでは文章の書き方における，一般的な敬称について言及している。はがき，手紙，メール等，通信手段はさまざま。それぞれの特性をふまえて有効活用しよう。

相手の気持ちになって 見やすく美しく書こう

■敬称のいろいろ

敬称	使う場面	例
様	職名・役職のない個人	（例）飯田知子様／ご担当者様／経理部長　佐藤一夫様
殿	職名・組織名・役職のある個人（公用文など）	（例）人事部長殿／教育委員会殿／田中四郎殿
先生	職名・役職のない個人	（例）松井裕子先生
御中	企業・団体・官公庁などの組織	（例）〇〇株式会社御中
各位	複数あてに同一文書を出すとき	（例）お客様各位／会員各位

Point

封筒・はがきの表書き・裏書きは縦書きが基本だが，洋封筒で親しい人にあてる場合は，横書きでも問題ない。いずれにせよ，定まった位置に，丁寧な文字でバランス良く，正確に記すことが大切。特に相手の住所や名前を乱雑な文字で書くのは，配達の際の間違いを引き起こすだけでなく，受け取る側に不快な思いをさせる。相手の気持ちになって，見やすく美しく書くよう心がけよう。

■各通信手段の長所と短所

	長所	短所	用途
封書	・封を開けなければ本人以外の目に触れることがない。 ・丁寧な印象を受ける。	・多量の資料・画像送付には不向き。 ・相手に届くまで時間がかかる。	・儀礼的な文書(礼状・わび状など) ・目上の人あての文書 ・重要な書類 ・他人に内容を読まれたくない文書
はがき・カード	・封書よりも気軽にやり取りできる。 ・年賀状や季節の便り，旅先からの連絡など絵はがきとしても楽しむことができる。	・封に入っていないため，第三者の目に触れることがある。 ・中身が見えるので，改まった礼状やわび状，こみ入った内容には不向き。 ・相手に届くまで時間がかかる。	・通知状　・案内状 ・送り状　・旅先からの便り ・各種お祝い　・お礼 ・季節の挨拶
FAX	・手書きの図やイラストを文章といっしょに送れる。 ・すぐに届く。 ・控えが手元に残る。	・多量の資料の送付には不向き。 ・事務的な用途で使われることが多く，改まった内容の文書，初対面の人へは不向き。	・地図，イラストの入った文書 ・印刷物（本・雑誌など）
電話	・急ぎの連絡に便利。 ・相手の反応をすぐに確認できる。 ・直接声が聞けるので，安心感がある。	・連絡できる時間帯が制限される。 ・長々としたこみ入った内容は伝えづらい。	・緊急の用件 ・確実に用件を伝えたいとき
メール	・瞬時に届く。　・控えが残る。 ・コストが安い。 ・大容量の資料や画像をデータで送ることができる。 ・一度に大勢の人に送ることができる。 ・相手の居場所や状況を気にせず送れる。	・事務的な印象を与えるので，改まった礼状やわび状には不向き。 ・パソコンや携帯電話を持っていない人には送れない。 ・ウィルスなどへの対応が必要。	・データで送りたいとき ・ビジネス上の連絡

Point

はがきは手軽で便利だが，おわびやお願い，格式を重んじる手紙には不向きとなる。この種の手紙は内容もこみ入ったものとなり，加えて丁寧な文章で書かなければならないので，数行で済むことはまず考えられない。また，封筒に入っていないため，他人の目に触れるという難点もある。このように，はがきにも長所と短所があるため，使う場面や相手によって，他の通信手段と使い分けることが必要となる。

はがき以外にも，封書・電話・ＦＡＸ・メールなど，現代ではさまざまな通信手段がある。上に示したように，それぞれ長所と短所があるので，特徴を知って用途によって上手に使い分けよう。

実践編 STEP 11

電話応対

社会人のマナーとして，電話応対のスキルは必要不可欠。まずは失礼なく電話に出ることからはじめよう。積極性が重要だ。

相手の顔が見えない分 対応には細心の注意を

■電話をかける場合

① ○○先生に電話をする

×「私，□□社の××と言いますが，○○様はおられますでしょうか？」

○「××と申しますが，○○様はいらっしゃいますか？」

「おられますか」は「おる」を謙譲語として使うため，通常は相手がいるかどうかに関しては，「いらっしゃる」を使うのが一般的。

② 相手の状況を確かめる

×「こんにちは，××です，先日のですね…」

○「××です，先日は有り難うございました，今お時間よろしいでしょうか？」

相手が忙しくないかどうか，状況を聞いてから話を始めるのがマナー。また，やむを得ず夜間や早朝，休日などに電話をかける際は，「夜分（朝早く）に申し訳ございません」「お休みのところ恐れ入ります」などのお詫びの言葉もひと言添えて話す。

③ 相手が不在，何時ごろ戻るかを聞く場合

×「戻りは何時ごろですか？」

○「何時ごろお戻りになりますでしょうか？」

「戻り」はそのままの言い方，相手にはきちんと尊敬語を使う。

④ また自分からかけることを伝える

×「そうですか，ではまたかけますので」

○「それではまた後ほど（改めて）お電話させていただきます」

戻る時間がわかる場合は，「またお戻りになりましたころにでも」「また午後にでも」などの表現もできる。

■電話を受ける場合

①　電話を取ったら

×「はい，もしもし，○○（社名）ですが」

○「はい，○○（社名）でございます」

②　相手の名前を聞いて

×「どうも，どうも」

○「いつもお世話になっております」

あいさつ言葉として定着している決まり文句ではあるが，日頃のお付き合いがあってこそ。あいさつ言葉もきちんと述べよう。「お世話様」という言葉も時折耳にするが，敬意が軽い言い方となる。適切な言葉を使い分けよう。

③　相手が名乗らない

×「どなたですか？」「どちらさまですか？」

○「失礼ですが，お名前をうかがってもよろしいでしょうか？」

名乗るのが基本だが，尋ねる態度も失礼にならないように適切な応対を心がけよう。

④　電話番号や住所を教えてほしいと言われた場合

×「はい，いいでしょうか？」　×「メモのご用意は？」

○「はい，申し上げます，よろしいでしょうか？」

「メモのご用意は？」は，一見親切なようにも聞こえるが，尋ねる相手も用意していることがほとんど。押し付けがましくならない程度に。

⑤　上司への取次を頼まれた場合

×「はい，今代わります」　×「○○部長ですね，お待ちください」

○「部長の○○でございますね，ただいま代わりますので，少々お待ちくださいませ」

○○部長という表現は，相手側の言い方となる。自分側を述べる場合は，「部長の○○」「○○」が適切。

自分から電話をかける場合は，まずは自分の会社名や氏名を名乗るのがマナー。たとえ目的の相手が直接出た場合でも，電話では相手の様子が見えないことがほとんど。自分の勝手な判断で話し始めるのではなく，相手の都合を伺い，そのうえで話を始めるのが社会人として必要な気配りとなる。

デキるオトナをアピール

時候の挨拶

月	漢語調の表現 候，みぎりなどを付けて用いられます	口語調の表現
1月 （睦月）	初春・新春　頌春・小寒・大寒・厳寒	皆様におかれましては，よき初春をお迎えのことと存じます／厳しい寒さが続いております／珍しく暖かな寒の入りとなりました／大寒という言葉通りの厳しい寒さでございます
2月 （如月）	春寒・余寒・残寒・立春・梅花・向春	立春とは名ばかりの寒さ厳しい毎日でございます／梅の花もちらほらとふくらみ始め，春の訪れを感じる今日この頃です／春の訪れが待ち遠しいこのごろでございます
3月 （弥生）	早春・浅春・春寒・春分・春暖	寒さもようやくゆるみ，日ましに春めいてまいりました／ひと雨ごとに春めいてまいりました／日増しに暖かさが加わってまいりました
4月 （卯月）	春暖・陽春・桜花・桜花爛漫	桜花爛漫の季節を迎えました／春光うららかな好季節となりました／花冷えとでも申しましょうか，何だか肌寒い日が続いております
5月 （皐月）	新緑・薫風・惜春・晩春・立夏・若葉	風薫るさわやかな季節を迎えました／木々の緑が目にまぶしいようでございます／目に青葉，山ほととぎす，初鰹の句も思い出される季節となりました
6月 （水無月）	梅雨・向暑・初夏・薄暑・麦秋	初夏の風もさわやかな毎日でございます／梅雨前線が近づいてまいりました／梅雨の晴れ間にのぞく青空は，まさに夏を思わせるようです
7月 （文月）	盛夏・大暑・炎暑・酷暑・猛暑	梅雨が明けたとたん，うだるような暑さが続いております／長い梅雨も明け，いよいよ本格的な夏がやってまいりました／風鈴の音がわずかに涼を運んでくれているようです
8月 （葉月）	残暑・晩夏・処暑・秋暑	立秋とはほんとうに名ばかりの厳しい暑さの毎日です／残暑たえがたい毎日でございます／朝夕はいくらかしのぎやすくなってまいりました
9月 （長月）	初秋・新秋・爽秋・新涼・清涼	九月に入りましてもなお，日差しの強い毎日です／暑さもやっとおとろえはじめたようでございます／残暑も去り，ずいぶんとしのぎやすくなってまいりました
10月 （神無月）	清秋・錦秋・秋涼・秋冷・寒露	秋風もさわやかな過ごしやすい季節となりました／街路樹の葉も日ごとに色を増しております／紅葉の便りの聞かれるころとなりました／秋深く，日増しに冷気も加わってまいりました
11月 （霜月）	晩秋・暮秋・霜降・初霜・向寒	立冬を迎え，まさに冬到来を感じる寒さです／木枯らしの季節になりました／日ごとに冷気が増すようでございます／朝夕はひときわ冷え込むようになりました
12月 （師走）	寒冷・初冬・師走・歳晩	師走を迎え，何かと慌ただしい日々をお過ごしのことと存じます／年の瀬も押しつまり，何かとお忙しくお過ごしのことと存じます／今年も残すところわずかとなりました，お忙しい毎日とお察しいたします

いますぐデキる

シチュエーション別会話例

シチュエーション1　取引先との会話

「非常に素晴らしいお話で感心しました」→NG！

「感心する」は相手の立派な行為や，優れた技量などに心を動かされるという意味。意味としては間違いではないが，目上の人に用いると，偉そうに聞こえかねない表現。「感動しました」などに言い換えるほうが好ましい。

シチュエーション2　子どもとの会話

「お母さんは，明日はいますか？」→NG！

たとえ子どもとの会話でも，子どもの年齢によっては，ある程度の敬語を使うほうが好ましい。「明日はいらっしゃいますか」では，むずかしすぎると感じるならば，「お出かけですか」などと表現することもできる。

シチュエーション3　同僚との会話

「今，お暇ですか 」→NG？

同じ立場同士なので，暇に「お」が付いた形で「お暇」ぐらいでも構わないともいえるが，「暇」というのは，するべきことも何もない時間という意味。そのため「お暇ですか 」では，あまりにも直接的になってしまう。その意味では「手が空いている」→「空いていらっしゃる」→「お手透き」などに言い換えることで，やわらかく敬意も含んだ表現になる。

シチュエーション4　上司との会話

「なるほどですね」→NG！

「なるほど」とは，相手の言葉を受けて，自分も同意見であることを表すため，相手の言葉・意見を自分が評価するというニュアンスも含まれている。そのため自分が評価して述べているという偉そうな表現にもなりかねない。同じ同意ならば，頷き「おっしゃる通りです」などの言葉のほうが誤解なく伝わる。

就活スケジュールシート

■年間スケジュールシート

1月	2月	3月	4月	5月	6月
企業関連スケジュール					
自己の行動計画					

就職活動をすすめるうえで，当然重要になってくるのは，自己のスケジュール管理だ。企業の選考スケジュールを把握することも大切だが，自分のペースで進めることになる自己分析や業界・企業研究，面接試験のトレーニング等の計画を立てることも忘れてはいけない。スケジュールシートに「記入」する作業を通して，短期・長期の両方の面から就職試験を考えるきっかけにしよう。

7月	8月	9月	10月	11月	12月
企業関連スケジュール					
自己の行動計画					

第4章

SPI対策

ほとんどの企業では，基本的な資質や能力を見極めるため適性検査を実施しており，現在最も使われているのがリクルートが開発した「SPI」である。
テストの内容は，「言語能力」「非言語能力」「性格」の3つに分かれている。その人がどんな人物で，どんな仕事で力を発揮しやすいのか，また，どんな組織になじみやすいかなどを把握するために行われる。
この章では，SPIの「言語能力」及び「非言語能力」の分野で，頻出内容を絞って，演習問題を構成している。演習問題に複数回チャレンジし，解説をしっかりと熟読して，学習効果を高めよう。

SPI対策

●SPIとは

SPIは，Synthetic Personality Inventoryの略称で，株式会社リクルートが開発・販売を行っている就職採用向けのテストである。昭和49年から提供が始まり，平成14年と平成25年の2回改訂が行われ，現在はSPI3が最新になる。

SPIは，応募者の仕事に対する適性，職業の適性能力，興味や関心を見極めるのに適しており，現在の就職採用テストでは主流となっている。

SPIは，「知的能力検査」と「性格検査」の2領域にわけて測定され，知的能力検査は「言語能力検査（国語）」と「非言語能力検査（数学）」に分かれている。オプション検査として，「英語（ENG）検査」を実施することもある。性格適性検査では，性格を細かく分析するために，非常に多くの質問が出される。SPIの性格適性検査では，正式な回答はなく，全ての質問に正直に答えることが重要である。

本章では，その中から，「言語能力検査」と「非言語能力検査」に絞って収録している。

●SPIを利用する企業の目的

①：志望者から人数を絞る

一部上場企業にもなると，数万単位の希望者が応募してくる。基本的な資質能力や会社への適性能力を見極めるため，SPIを使って，人数の絞り込みを行う。

②：知的能力を見極める

SPIは，応募者1人1人の基本的な知的能力を比較することができ，それによって，受検者の相対的な知的能力を見極めることが可能になる。

③：性格をチェックする

その職種に対する適性があるが，300程度の簡単な質問によって発想力やパーソナリティを見ていく。性格検査なので，正解というものはなく，正直に回答していくことが重要である。

●SPIの受検形式

SPIは，企業の会社説明会や会場で実施される「ペーパーテスト形式」と，パソコンを使った「テストセンター形式」とがある。

近年，ペーパーテスト形式は減少しており，ほとんどの企業が，パソコンを使ったテストセンター形式を採用している。志望する企業がどのようなテストを採用しているか，早めに確認し，対策を立てておくこと。

●SPIの出題形式

SPIは，言語分野，非言語分野，英語（ENG），性格適性検査に出題形式が分かれている。

科目	出題範囲・内容
言語分野	二語の関係，語句の意味，語句の用法，文の並び換え，空欄補充，熟語の成り立ち，文節の並び換え，長文読解　等
非言語分野	推論，場合の数，確率，集合，損益算，速度算，表の読み取り，資料の読み取り，長文読み取り　等
英語（ENG）	同意語，反意語，空欄補充，英英辞書，誤文訂正，和文英訳，長文読解　等
性格適性検査	質問：300問程度　時間：約35分

●受検対策

本章では，出題が予想される問題を厳選して収録している。問題と解答だけではなく，詳細な解説も収録しているので，分からないところは複数回問題を解いてみよう。

言語分野

二語関係

同音異義語

●あいせき
哀惜　死を悲しみ惜しむこと
愛惜　惜しみ大切にすること
●いぎ
意義　意味・内容・価値
異議　他人と違う意見
威儀　いかめしい挙動
異義　異なった意味
●いし
意志　何かをする積極的な気持ち
意思　しようとする思い・考え
●いどう
異同　異なり・違い・差
移動　場所を移ること
異動　地位・勤務の変更
●かいこ
懐古　昔を懐かしく思うこと
回顧　過去を振り返ること
解雇　仕事を辞めさせること
●かいてい
改訂　内容を改め直すこと
改定　改めて定めること
●かんしん
関心　気にかかること
感心　心に強く感じること
歓心　嬉しいと思う心
寒心　肝を冷やすこと
●きてい
規定　規則・定め
規程　官公庁などの規則
●けんとう
見当　だいたいの推測・判断・めあて
検討　調べ究めること
●こうてい
工程　作業の順序
行程　距離・みちのり
●じき
直　　すぐに
時期　時・折り・季節
時季　季節・時節
時機　適切な機会
●しゅし
趣旨　趣意・理由・目的
主旨　中心的な意味
●たいけい
体型　人の体格
体形　人や動物の形態
体系　ある原理に基づき個々のものを統一したもの
大系　系統立ててまとめた叢書
●たいしょう

対象　行為や活動が向けられる相手
対称　対応する位置にあること
対照　他のものと照らし合わせること

●たんせい
端正　人の行状が正しくきちんとしているさま
端整　人の容姿が整っているさま

●はんざつ
繁雑　ごたごたと込み入ること
煩雑　煩わしく込み入ること

●ほしょう
保障　保護して守ること
保証　確かだと請け合うこと
補償　損害を補い償うこと

●むち
無知　知識・学問がないこと
無恥　恥を知らないこと

●ようけん
要件　必要なこと
用件　なすべき仕事

同訓漢字

●あう
合う…好みに合う。答えが合う。
会う…客人と会う。立ち会う。
遭う…事故に遭う。盗難に遭う。

●あげる
上げる…プレゼントを上げる。効果を上げる。
挙げる…手を挙げる。全力を挙げる。
揚げる…凧を揚げる。てんぷらを揚げる。

●あつい
暑い…夏は暑い。暑い部屋。
熱い…熱いお湯。熱い視線を送る。
厚い…厚い紙。面の皮が厚い。
篤い…志の篤い人。篤い信仰。

●うつす
写す…写真を写す。文章を写す。
映す…映画をスクリーンに映す。鏡に姿を映す。

●おかす
冒す…危険を冒す。病に冒された人。
犯す…犯罪を犯す。法律を犯す。
侵す…領空を侵す。プライバシーを侵す。

●おさめる
治める…領地を治める。水を治める。
収める…利益を収める。争いを収める。
修める…学問を修める。身を修める。
納める…税金を納める。品物を納める。

●かえる
変える…世界を変える。性格を変える。
代える…役割を代える。背に腹は代えられぬ。

替える…円をドルに替える。服を替える。

●きく

聞く…うわさ話を聞く。明日の天気を聞く。

聴く…音楽を聴く。講義を聴く。

●しめる

閉める…門を閉める。ドアを閉める。

締める…ネクタイを締める。気を引き締める。

絞める…首を絞める。絞め技をかける。

●すすめる

進める…足を進める。話を進める。

勧める…縁談を勧める。加入を勧める。

薦める…生徒会長に薦める。

●つく

付く…傷が付いた眼鏡。気が付く。

着く…待ち合わせ場所の公園に着く。地に足が着く。

就く…仕事に就く。外野の守備に就く。

●つとめる

務める…日本代表を務める。主役を務める。

努める…問題解決に努める。療養に努める。

勤める…大学に勤める。会社に勤める。

●のぞむ

望む…自分の望んだ夢を追いかける。

臨む…記者会見に臨む。決勝に臨む。

●はかる

計る…時間を計る。将来を計る。

測る…飛行距離を測る。水深を測る。

●みる

見る…月を見る。ライオンを見る。

診る…患者を診る。脈を診る。

演習問題

1 カタカナで記した部分の漢字として適切なものはどれか。

1 手続きがハンザツだ 【汎雑】
2 誤りをカンカすることはできない 【観過】
3 ゲキヤクなので取扱いに注意する 【激薬】
4 クジュウに満ちた選択だった 【苦重】
5 キセイの基準に従う 【既成】

2 下線部の漢字として適切なものはどれか。

家で飼っている熱帯魚をかんしょうする。

1　干渉
2　観賞
3　感傷
4　勧奨
5　鑑賞

3 下線部の漢字として適切なものはどれか。

彼に責任をついきゅうする。

1　追窮
2　追究
3　追給
4　追求
5　追及

4 下線部の語句について，両方とも正しい表記をしているものはどれか。

1　私と母とは相生がいい。　・この歌を愛唱している。
2　それは規成の事実である。　・既製品を買ってくる。
3　同音異義語を見つける。　・会議で意議を申し立てる。
4　選挙の大勢が決まる。　・作曲家として大成する。
5　無常の喜びを味わう。　・無情にも雨が降る。

5 下線部の漢字として適切なものはどれか。

彼の体調はかいほうに向かっている。

1　介抱
2　快方
3　解放
4　回報
5　開放

○○○解答・解説○○○

1 5

解説 1「煩雑」が正しい。「汎」は「汎用(はんよう)」などと使う。2「看過」が正しい。「観」は「観光」や「観察」などと使う。 3「劇薬」が正しい。「少量の使用であってもはげしい作用のするもの」という意味であるが「激」を使わないことに注意する。 4「苦渋」が正しい。苦しみ悩むという意味で，「苦悩」と同意であると考えてよい。 5「既成概念」などと使う場合もある。同音で「既製」という言葉があるが，これは「既製服」や「既製品」という言葉で用いる。

2 2

解説 同音異義語や同訓異字の問題は，その漢字を知っているだけでは対処できない。「植物や魚などの美しいものを見て楽しむ」場合は「観賞」を用いる。なお，「芸術作品」に関する場合は「鑑賞」を用いる。

3 5

解説 「ついきゅう」は，特に「追究」「追求」「追及」が頻出である。「追究」は「あることについて徹底的に明らかにしようとすること」，「追求」は「あるものを手に入れようとすること」，「追及」は「後から厳しく調べること」という意味である。ここでは，「責任」という言葉の後にあるので，「厳しく」という意味が含まれている「追及」が適切である。

4 4

解説 1の「相生」は「相性」，2の「規成」は「既成」，3の「意議」は「異議」，5の「無常」は「無上」が正しい。

5 2

解説 「快方」は「よい方向に向かっている」という意味である。なお，1は病気の人の世話をすること，3は束縛を解いて自由にすること，4は複数人で回し読む文書，5は出入り自由として開け放つ，の意味。

熟語

四字熟語

□曖昧模糊　あいまいもこ—はっきりしないこと。

□阿鼻叫喚　あびきょうかん—苦しみに耐えられないで泣き叫ぶこと。はなはだしい惨状を形容する語。

□暗中模索　あんちゅうもさく—暗闇で手さぐりでものを探すこと。様子がつかめずどうすればよいかわからないままやってみること。

□以心伝心　いしんでんしん—無言のうちに心から心に意思が通じ合うこと。

□一言居士　いちげんこじ—何事についても自分の意見を言わなければ気のすまない人。

□一期一会　いちごいちえ——生のうち一度だけの機会。

□一日千秋　いちじつせんしゅう——日会わなければ千年も会わないように感じられることから，一日が非常に長く感じられること。

□一念発起　いちねんほっき—決心して信仰の道に入ること。転じてある事を成就させるために決心すること。

□一網打尽　いちもうだじん——網打つだけで多くの魚を捕らえることから，一度に全部捕らえること。

□一獲千金　いっかくせんきん——時にたやすく莫大な利益を得ること。

□一挙両得　いっきょりょうとく——つの行動で二つの利益を得ること。

□意馬心猿　いばしんえん—馬が走り，猿が騒ぐのを抑制できないことにたとえ，煩悩や欲望の抑えられないさま。

□意味深長　いみしんちょう—意味が深く含蓄のあること。

□因果応報　いんがおうほう—よい行いにはよい報いが，悪い行いには悪い報いがあり，因と果とは相応じるものであるということ。

□慇懃無礼　いんぎんぶれい—うわべはあくまでも丁寧だが，実は尊大であること。

□有為転変　ういてんぺん—世の中の物事の移りやすくはかない様子のこと。

□右往左往　うおうさおう—多くの人が秩序もなく動き，あっちへ行ったりこっちへ来たり，混乱すること。

□右顧左眄　うこさべん―右を見たり，左を見たり，周囲の様子ばかりうかがっていて決断しないこと。

□有象無象　うぞうむぞう―世の中の無形有形の一切のもの。たくさん集まったつまらない人々。

□海千山千　うみせんやません―経験を積み，その世界の裏まで知り抜いている老獪な人。

□紆余曲折　うよきょくせつ―まがりくねっていること。事情が込み入って，状況がいろいろ変化すること。

□雲散霧消　うんさんむしょう―雲や霧が消えるように，あとかたもなく消えること。

□栄枯盛衰　えいこせいすい―草木が繁り，枯れていくように，盛んになったり衰えたりすること。世の中の浮き沈みのこと。

□栄耀栄華　えいようえいが―権力や富貴をきわめ，おごりたかぶること。

□会者定離　えしゃじょうり―会う者は必ず離れる運命をもつということ。人生の無常を説いたことば。

□岡目八目　おかめはちもく―局外に立ち，第三者の立場で物事を観察すると，その是非や損失がよくわかるということ。

□温故知新　おんこちしん―古い事柄を究め新しい知識や見解を得ること。

□臥薪嘗胆　がしんしょうたん―たきぎの中に寝，きもをなめる意で，目的を達成するのために苦心，苦労を重ねること。

□花鳥風月　かちょうふうげつ―自然界の美しい風景，風雅のこころ。

□我田引水　がでんいんすい―自分の利益となるように発言したり行動したりすること。

□画竜点睛　がりょうてんせい―竜を描いて最後にひとみを描き加えたところ，天に上ったという故事から，物事を完成させるために最後に付け加える大切な仕上げ。

□夏炉冬扇　かろとうせん―夏の火鉢，冬の扇のようにその場に必要のない事物。

□危急存亡　ききゅうそんぼう―危機が迫ってこのまま生き残れるか滅びるかの瀬戸際。

□疑心暗鬼　ぎしんあんき―心の疑いが妄想を引き起こして実際にはいない鬼の姿が見えるようになることから，疑心が起こると何でもないことまで恐ろしくなること。
□玉石混交　ぎょくせきこんこう―すぐれたものとそうでないものが入り混じっていること。
□荒唐無稽　こうとうむけい―言葉や考えによりどころがなく，とりとめもないこと。
□五里霧中　ごりむちゅう―迷って考えの定まらないこと。
□針小棒大　しんしょうぼうだい―物事を大袈裟にいうこと。
□大同小異　だいどうしょうい―細部は異なっているが総体的には同じであること。
□馬耳東風　ばじとうふう―人の意見や批評を全く気にかけず聞き流すこと。
□波瀾万丈　はらんばんじょう―さまざまな事件が次々と起き，変化に富むこと。
□付和雷同　ふわらいどう――定の見識がなくただ人の説にわけもなく賛同すること。
□粉骨砕身　ふんこつさいしん―力の限り努力すること。
□羊頭狗肉　ようとうくにく―外見は立派だが内容がともなわないこと。
□竜頭蛇尾　りゅうとうだび―初めは勢いがさかんだが最後はふるわないこと。
□臨機応変　りんきおうへん―時と場所に応じて適当な処置をとること。

演習問題

1 「海千山千」の意味として適切なものはどれか。

1　様々な経験を積み，世間の表裏を知り尽くしてずる賢いこと
2　今までに例がなく，これからもあり得ないような非常に珍しいこと
3　人をだまし丸め込む手段や技巧のこと
4　一人で千人の敵を相手にできるほど強いこと
5　広くて果てしないこと

2 四字熟語として適切なものはどれか。

1　竜頭堕尾
2　沈思黙考
3　孟母断危
4　理路正然
5　猪突猛伸

3 四字熟語の漢字の使い方がすべて正しいものはどれか。

1　純真無垢　　青天白日　　疑心暗鬼
2　短刀直入　　自我自賛　　危機一髪
3　厚顔無知　　思考錯誤　　言語同断
4　異句同音　　一鳥一石　　好機当来
5　意味深長　　興味深々　　五里霧中

4 「一蓮托生」の意味として適切なものはどれか。

1　一味の者を一度で全部つかまえること。
2　物事が順調に進行すること。
3　ほかの事に注意をそらさず，一つの事に心を集中させているさま。
4　善くても悪くても行動・運命をともにすること。
5　妥当なものはない。

5 故事成語の意味で適切なものはどれか。

「塞翁(さいおう)が馬」

1　たいして差がない
2　幸不幸は予測できない
3　肝心なものが欠けている
4　実行してみれば意外と簡単
5　努力がすべてむだに終わる

○○○解答・解説○○○

[1] 1

解説 2は「空前絶後」, 3は「手練手管」, 4は「一騎当千」, 5は「広大無辺」である。

[2] 2

解説 2の沈思黙考は, 「思いにしずむこと。深く考えこむこと。」の意味である。なお, 1は竜頭蛇尾(始めは勢いが盛んでも, 終わりにはふるわないこと), 3は孟母断機(孟子の母が織りかけの織布を断って, 学問を中途でやめれば, この断機と同じであると戒めた譬え), 4は理路整然(話や議論の筋道が整っていること), 5は猪突猛進(いのししのように向こう見ずに一直線に進むこと)が正しい。

[3] 1

解説 2は「単刀直入」「自画自賛」, 3は「厚顔無恥」「試行錯誤」「言語道断」, 4は「異口同音」「一朝一夕」「好機到来」, 5は「興味津々」が正しい。四字熟語の意味を理解する際, どのような字で書かれているかを意識するとよい。

[4] 4

解説 「一蓮托生」は, よい行いをした者は天国に行き, 同じ蓮の花の上に生まれ変わるという仏教の教えから, 「(ことの善悪にかかわらず)仲間として行動や運命をともにすること」をいう。

[5] 2

解説 「塞翁が馬」は「人間万事塞翁が馬」と表す場合もある。1は「五十歩百歩」, 3は「画竜点睛に欠く」, 4は「案ずるより産むが易し」, 5は「水泡に帰する」の故事成語の意味である。

語の使い方

文法

Ⅰ　品詞の種類

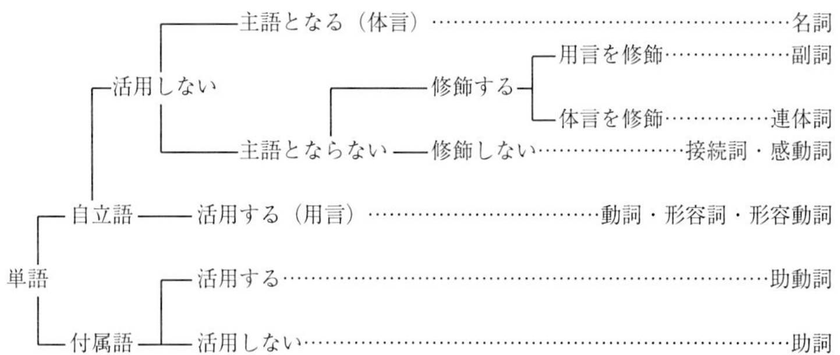

Ⅱ　動詞の活用形

活用	基本	語幹	未然	連用	終止	連体	仮定	命令
五段	読む	読	ま　も	み	む	む	め	め
上一段	見る	見	み	み	みる	みる	みれ	みよ
下一段	捨てる	捨	て	て	てる	てる	てれ	てよ てろ
カ変	来る	来	こ	き	くる	くる	くれ	こい
サ変	する	す	さ　し せ	し	する	する	すれ	せよ しろ
	主な接続語		ナイ ウ・ ヨウ	マス テ・タ	言い 切る	コト トキ	バ	命令

Ⅲ　形容詞の活用形

基本	語幹	未然	連用	終止	連体	仮定	命令
美しい	うつく し	かろ	かっ く	い	い	けれ	○
主な用法		ウ	ナル タ	言い 切る	体言	バ	

Ⅳ　形容動詞の活用形

基本	語幹	未然	連用	終止	連体	仮定	命令
静かだ	静か	だろ	だっ　で に	だ	な	なら	○
主な用法		ウ	タ アル ナル	言い 切る	体言	バ	

V　文の成分

主語・述語の関係………花が ― 咲いた。

修飾・被修飾の関係……きれいな ― 花。

接続の関係………………花が咲いたので，花見をした。

並立の関係………………赤い花と白い花。

補助の関係………………花が咲いている。（二文節で述語となっている）

〈副詞〉 自立語で活用せず，単独で文節を作り，多く連用修飾語を作る。

状態を表すもの…………ついに・さっそく・しばらく・ぴったり・すっかり

程度を表すもの…………もっと・すこし・ずいぶん・ちょっと・ずっと

陳述の副詞………………決して～ない・なぜ～か・たぶん～だろう・もし～ば

〈助動詞〉 付属語で活用し，主として用言や他の助動詞について意味を添える。

① 使役……せる・させる（学校に行かせる　服を着させる）
② 受身……れる・られる（先生に怒られる　人に見られる）
③ 可能……れる・られる（歩いて行かれる距離　まだ着られる服）
④ 自発……れる・られる（ふと思い出される　容態が案じられる）
⑤ 尊敬……れる・られる（先生が話される　先生が来られる）
⑥ 過去・完了……た（話を聞いた　公園で遊んだ）
⑦ 打消……ない・ぬ（僕は知らない　知らぬ存ぜぬ）
⑧ 推量……だろう・そうだ（晴れるだろう　晴れそうだ）
⑨ 意志……う・よう（旅行に行こう　彼女に告白しよう）
⑩ 様態……そうだ（雨が降りそうだ）
⑪ 希望……たい・たがる（いっぱい遊びたい　おもちゃを欲しがる）
⑫ 断定……だ（悪いのは相手の方だ）
⑬ 伝聞……そうだ（試験に合格したそうだ）
⑭ 推定……らしい（明日は雨らしい）
⑮ 丁寧……です・ます（それはわたしです　ここにあります）
⑯ 打消推量・打消意志……まい（そんなことはあるまい　けっして言うまい）

〈**助詞**〉付属語で活用せず，ある語について，その語と他の語との関係を補助したり，意味を添えたりする。

① 格助詞……主として体言に付き，その語と他の語の関係を示す。
→が・の・を・に・へ・と・から・より・で・や

② 副助詞……いろいろな語に付いて，意味を添える。
→は・も・か・こそ・さえ・でも・しか・まで・ばかり・だけ・など

③ 接続助詞……用言・活用語に付いて，上と下の文節を続ける。
→ば・けれども・が・のに・ので・ても・から・たり・ながら

④ 終助詞……文末（もしくは文節の切れ目）に付いて意味を添える。
→なあ（感動）・よ（念押し）・な（禁止）・か（疑問）・ね（念押し）

演習問題

1 次のア〜オのうち，下線部の表現が適切でないものはどれか。

1 彼はいつもまわりに愛嬌をふりまいて，場を和やかにしてくれる。
2 的を射た説明によって，よく理解することができた。
3 舌先三寸で人をまるめこむのではなく，誠実に説明する。
4 この重要な役目は，彼女に白羽の矢が当てられた。
5 二の舞を演じないように，失敗から学ばなくてはならない。

2 次の文について，言葉の用法として適切なものはどれか。

1 矢折れ刀尽きるまで戦う。
2 ヘルプデスクに電話したが「分かりません」と繰り返すだけで取り付く暇もなかった。
3 彼の言動は肝に据えかねる。
4 彼は証拠にもなく何度も賭け事に手を出した。
5 適切なものはない。

3 下線部の言葉の用法として適切なものはどれか。

1 彼はのべつ暇なく働いている。
2 あの人の言動は常軌を失っている。
3 彼女は熱に泳がされている。
4 彼らの主張に対して間髪をいれずに反論した。
5 彼女の自分勝手な振る舞いに顔をひそめた。

4 次の文で，下線部が適切でないものはどれか。

1　ぼくの目標は，兄より早く走れるようになることです。

2　先生のおっしゃることをよく聞くのですよ。

3　昨日は家で本を読んだり，テレビを見ていました。

4　風にざわめく木々は，まるで私たちにあいさつをしているようだった。

5　先生の業績については，よく存じております。

5 下線部の言葉の用法が適切でないものはどれか。

1　急いては事を仕損じるので，マイペースを心がける。

2　彼女は目端が利く。

3　世知辛い世の中になったものだ。

4　安全を念頭に置いて作業を進める。

5　次の試験に標準を合わせて勉強に取り組む。

○○○解答・解説○○○

1 4

解説　1の「愛嬌をふりまく」は，おせじなどをいい，明るく振る舞うこと，2の「的を射る」は的確に要点をとらえること，3の「舌先三寸」は口先だけの巧みに人をあしらう弁舌のこと，4はたくさんの中から選びだされるという意味だが，「白羽の矢が当てられた」ではなく，「白羽の矢が立った」が正しい。5の「二の舞を演じる」は他人がした失敗を自分もしてしまうという意味である。

2 5

解説　1「刀折れ矢尽きる」が正しく，「なす術がなくなる」という意味である。　2　話を進めるきっかけが見つからない。すがることができない，という意味になるのは「取り付く島がない」が正しい。　3「言動」という言葉から，「我慢できなくなる」という意味の言葉を使う必要がある。「腹に据えかねる」が正しい。　4「何度も賭け事に手を出した」という部分から「こりずに」という意味の「性懲りもなく」が正しい。

3 4

解説 1「のべつ幕なしに」，2は「常軌を逸している」，3は「熱に浮かされている」，5は「眉をひそめた」が正しい。

4 3

解説 3は前に「読んだり」とあるので，後半も「見たり」にしなければならないが，「見ていました」になっているので表現として適当とはいえない。

5 5

解説 5は，「狙う，見据える」という意味の「照準」を使い，「照準を合わせて」と表記するのが正しい。

非言語分野

計算式・不等式

演習問題

1 分数$\dfrac{30}{7}$を小数で表したとき，小数第100位の数字として正しいものはどれか。

1 1　2 2　3 4　4 5　5 7

2 $x=\sqrt{2}-1$のとき，$x+\dfrac{1}{x}$の値として正しいものはどれか。

1 $2\sqrt{2}$　2 $2\sqrt{2}-2$　3 $2\sqrt{2}-1$　4 $3\sqrt{2}-3$
5 $3\sqrt{2}-2$

3 360の約数の総和として正しいものはどれか。

1 1060　2 1170　3 1250　4 1280　5 1360

4 $\dfrac{x}{2}=\dfrac{y}{3}=\dfrac{z}{5}$のとき，$\dfrac{x-y+z}{3x+y-z}$の値として正しいものはどれか。

1 -2　2 -1　3 $\dfrac{1}{2}$　4 1　5 $\dfrac{3}{2}$

5 $\dfrac{\sqrt{2}}{\sqrt{2}-1}$の整数部分を$a$，小数部分を$b$とするとき，$a\times b$の値として正しいものは次のうちどれか。

1 $\sqrt{2}$　2 $2\sqrt{2}-2$　3 $2\sqrt{2}-1$　4 $3\sqrt{2}-3$
5 $3\sqrt{2}-2$

6 $x=\sqrt{5}+\sqrt{2}$，$y=\sqrt{5}-\sqrt{2}$ のとき，x^2+xy+y^2 の値として正しいものはどれか。

1 15　2 16　3 17　4 18　5 19

7 $\dfrac{\sqrt{2}}{\sqrt{2}-1}$の整数部分を$a$, 小数部分を$b$とするとき, b^2の値として正しいものはどれか。

1　$2-\sqrt{2}$　　2　$1+\sqrt{2}$　　3　$2+\sqrt{2}$　　4　$3+\sqrt{2}$

5　$3-2\sqrt{2}$

8 ある中学校の生徒全員のうち，男子の7.5%，女子の6.4%を合わせて37人がバドミントン部員であり，男子の2.5%，女子の7.2%を合わせて25人が吹奏楽部員である。この中学校の女子全員の人数は何人か。

1　246人　　2　248人　　3　250人　　4　252人　　5　254人

9 連続した3つの正の偶数がある。その小さい方2数の2乗の和は，一番大きい数の2乗に等しいという。この3つの数のうち，最も大きい数として正しいものはどれか。

1　6　　2　8　　3　10　　4　12　　5　14

○○○解答・解説○○○

1 5

解説　実際に30を7で割ってみると，

$\dfrac{30}{7}=4.28571428571$……となり，小数点以下は，6つの数字"285714"が繰り返されることがわかる。$100\div6=16$余り4だから，小数第100位は，"285714"のうちの4つ目の"7"である。

2 1

解説　$x=\sqrt{2}-1$を$x+\dfrac{1}{x}$に代入すると，

$$x+\frac{1}{x}=\sqrt{2}-1+\frac{1}{\sqrt{2}-1}=\sqrt{2}-1+\frac{\sqrt{2}+1}{(\sqrt{2}-1)(\sqrt{2}+1)}$$

$$=\sqrt{2}-1+\frac{\sqrt{2}+1}{2-1}$$

$$=\sqrt{2}-1+\sqrt{2}+1=2\sqrt{2}$$

3 2

解説 360を素因数分解すると，$360=2^3\times 3^2\times 5$ であるから，約数の総和は$(1+2+2^2+2^3)(1+3+3^2)(1+5)=(1+2+4+8)(1+3+9)(1+5)=15\times 13\times 6=1170$ である。

4 4

解説 $\dfrac{x}{2}=\dfrac{y}{3}=\dfrac{z}{5}=A$ とおく。

$x=2A$，$y=3A$，$z=5A$ となるから，

$x-y+z=2A-3A+5A=4A$，$3x+y-z=6A+3A-5A=4A$

したがって，$\dfrac{x-y+z}{3x+y-z}=\dfrac{4A}{4A}=1$ である。

5 4

解説 分母を有理化する。

$$\frac{\sqrt{2}}{\sqrt{2}-1}=\frac{\sqrt{2}(\sqrt{2}+1)}{(\sqrt{2}-1)(\sqrt{2}+1)}=\frac{2+\sqrt{2}}{2-1}=2+\sqrt{2}=2+1.414\cdots=3.414\cdots$$

であるから，$a=3$であり，$b=(2+\sqrt{2})-3=\sqrt{2}-1$ となる。

したがって，$a\times b=3(\sqrt{2}-1)=3\sqrt{2}-3$

6 3

解説 $(x+y)^2=x^2+2xy+y^2$ であるから，

$x^2+xy+y^2=(x+y)^2-xy$ と表せる。

ここで，$x+y=(\sqrt{5}+\sqrt{2})+(\sqrt{5}-\sqrt{2})=2\sqrt{5}$，

$xy=(\sqrt{5}+\sqrt{2})(\sqrt{5}-\sqrt{2})=5-2=3$

であるから，求める$(x+y)^2-xy=(2\sqrt{5})^2-3=20-3=17$

7 5

解説 分母を有理化すると，

$$\frac{\sqrt{2}}{\sqrt{2}-1}=\frac{\sqrt{2}(\sqrt{2}+1)}{(\sqrt{2}-1)(\sqrt{2}+1)}=\frac{2+\sqrt{2}}{2-1}=2+\sqrt{2}$$

$\sqrt{2}=1.4142\cdots\cdots$であるから，$2+\sqrt{2}=2+1.4142\cdots\cdots=3.14142\cdots\cdots$

したがって，$a=3$，$b=2+\sqrt{2}-3=\sqrt{2}-1$といえる。

したがって，$b^2=(\sqrt{2}-1)^2=2-2\sqrt{2}+1=3-2\sqrt{2}$である。

8 3

解説　男子全員の人数をx，女子全員の人数をyとする。

$0.075x + 0.064y = 37$…①

$0.025x + 0.072y = 25$…②

①－②×3より

$$
\begin{array}{rl}
 & \begin{cases} 0.075x + 0.064y = 37 \cdots ① \\ 0.075x + 0.216y = 75 \cdots ②' \end{cases} \\
-) & \\
\hline
 & -0.152y = -38
\end{array}
$$

$\therefore\quad 152y = 38000 \qquad \therefore\quad y = 250 \quad x = 280$

よって，女子全員の人数は250人。

9 3

解説　3つのうちの一番小さいものを$x(x>0)$とすると，連続した3つの正の偶数は，x，$x+2$，$x+4$ であるから，与えられた条件より，次の式が成り立つ。$x^2+(x+2)^2=(x+4)^2$　かっこを取って，$x^2+x^2+4x+4=x^2+8x+16$　整理して，$x^2-4x-12=0$　よって，$(x+2)(x-6)=0$　よって，$x=-2,\ 6$　$x>0$だから，$x=6$ である。したがって，3つの偶数は，6，8，10である。このうち最も大きいものは，10である。

速さ・距離・時間

演習問題

[1] 家から駅までの道のりは30kmである。この道のりを，初めは時速5km，途中から，時速4kmで歩いたら，所要時間は7時間であった。時速5kmで歩いた道のりとして正しいものはどれか。

1　8km　　2　10km　　3　12km　　4　14km　　5　15km

[2] 横の長さが縦の長さの2倍である長方形の厚紙がある。この厚紙の四すみから，一辺の長さが4cmの正方形を切り取って，折り曲げ，ふたのない直方体の容器を作る。その容積が$64cm^3$のとき，もとの厚紙の縦の長さとして正しいものはどれか。

1　$6-2\sqrt{3}$　　2　$6-\sqrt{3}$　　3　$6+\sqrt{3}$　　4　$6+2\sqrt{3}$
5　$6+3\sqrt{3}$

[3] 縦50m，横60mの長方形の土地がある。この土地に，図のような直角に交わる同じ幅の通路を作る。通路の面積を土地全体の面積の$\frac{1}{3}$以下にするには，通路の幅を何m以下にすればよいか。

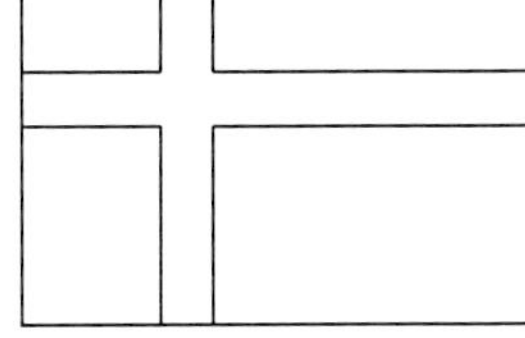

1　8m　　2　8.5m　　3　9m　　4　10m
5　10.5m

[4] 下の図のような，曲線部分が半円で，1周の長さが240mのトラックを作る。中央の長方形ABCDの部分の面積を最大にするには，直線部分ADの長さを何mにすればよいか。次から選べ。

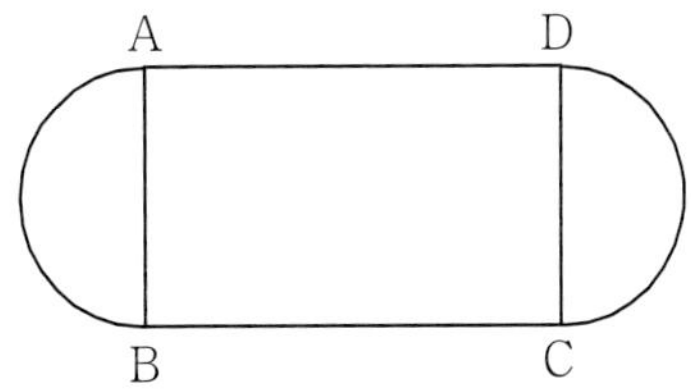

1　56m　　2　58m　　3　60m　　4　62m　　5　64m

5 AとBの2つのタンクがあり，Aには8m^3，Bには5m^{3}の水が入っている。Aには毎分1.2m^3，Bには毎分0.5m^{3}ずつの割合で同時に水を入れ始めると，Aの水の量がBの水の量の2倍以上になるのは何分後からか。正しいものはどれか。

1　8分後　　2　9分後　　3　10分後　　4　11分後　　5　12分後

○○○解答・解説○○○

1 2

解説　時速5kmで歩いた道のりを$x$kmとすると，時速4kmで歩いた道のりは，$(30-x)$ kmであり，時間＝距離÷速さ　であるから，次の式が成り立つ。

$$\frac{x}{5}+\frac{30-x}{4}=7$$

両辺に20をかけて，$4x+5(30-x)=7\times 20$

整理して，$4x+150-5x=140$

よって，$x=10$ である。

2 4

解説　厚紙の縦の長さを$x$cmとすると，横の長さは$2x$cmである。また，このとき，容器の底面は，縦 $(x-8)$cm，横 $(2x-8)$cmの長方形で，容器の高さは4cmである。

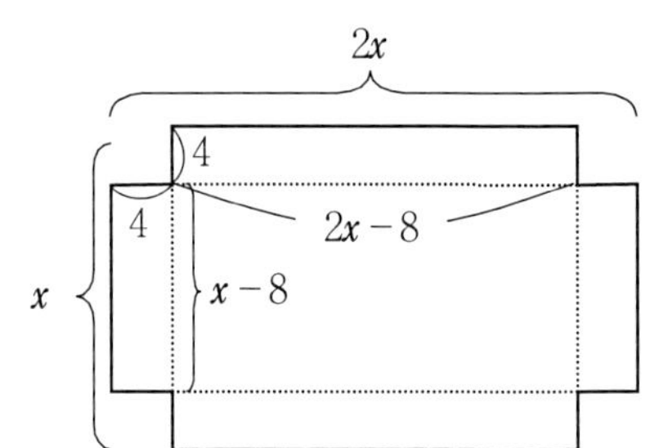

厚紙の縦，横，及び，容器の縦，横の長さは正の数であるから，

$x>0$，$x-8>0$，$2x-8>0$

すなわち，$x>8$……①

容器の容積が64cm^{3}であるから，

$4(x-8)(2x-8)=64$となり，

$(x-8)(2x-8)=16$

これより，$(x-8)(x-4)=8$

$x^2-12x+32=8$となり，$x^2-12x+24=0$

よって，$x=6\pm\sqrt{6^2-24}=6\pm\sqrt{12}=6\pm 2\sqrt{3}$

このうち①を満たすものは，$x=6+2\sqrt{3}$

3 4

解説　通路の幅をxmとすると，$0<x<50$……①

また，$50x+60x-x^2 \leqq 1000$

よって，$(x-10)(x-100) \geqq 0$

したがって，$x \leqq 10$，$100 \leqq x$……②

①②より，$0<x \leqq 10$　つまり，10m以下。

4 3

解説　直線部分ADの長さをxmとおくと，$0<2x<240$より，

xのとる値の範囲は，$0<x<120$である。

半円の半径をrmとおくと，

$2\pi r=240-2x$より，

$r=\frac{120}{\pi}-\frac{x}{\pi}=\frac{1}{\pi}(120-x)$

長方形ABCDの面積をym²とすると，

$y=2r \cdot x=2 \cdot \frac{1}{\pi}(120-x)x$

$=-\frac{2}{\pi}(x^2-120x)$

$=-\frac{2}{\pi}(x-60)^2+\frac{7200}{\pi}$

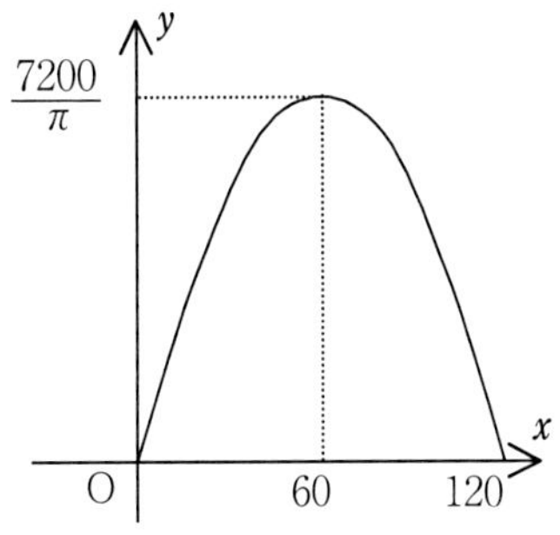

この関数のグラフは，図のようになる。yは$x=60$のとき最大となる。

5 3

解説　x分後から2倍以上になるとすると，題意より次の不等式が成り立つ。

$8+1.2x \geqq 2(5+0.5x)$

かっこをはずして，$8+1.2x \geqq 10+x$

整理して，$0.2x \geqq 2$　よって，$x \geqq 10$

つまり10分後から2倍以上になる。

組み合わせ・確率

演習問題

[1] 1個のさいころを続けて3回投げるとき，目の和が偶数になるような場合は何通りあるか。正しいものを選べ。

1　106通り　　2　108通り　　3　110通り　　4　112通り
5　115通り

[2] A，B，C，D，E，Fの6人が2人のグループを3つ作るとき，AとBが同じグループになる確率はどれか。正しいものを選べ。

1 $\frac{1}{6}$　　2 $\frac{1}{5}$　　3 $\frac{1}{4}$　　4 $\frac{1}{3}$　　5 $\frac{1}{2}$

○○○解答・解説○○○

[1] 2

解説　和が偶数になるのは，3回とも偶数の場合と，偶数が1回で，残りの2回が奇数の場合である。さいころの目は，偶数と奇数はそれぞれ3個だから，

(1)　3回とも偶数：3×3×3＝27〔通り〕

(2)　偶数が1回で，残りの2回が奇数

・偶数/奇数/奇数：3×3×3＝27〔通り〕

・奇数/偶数/奇数：3×3×3＝27〔通り〕

・奇数/奇数/偶数：3×3×3＝27〔通り〕

したがって，合計すると，27＋(27×3)＝108〔通り〕である。

[2] 2

解説　A，B，C，D，E，Fの6人が2人のグループを3つ作るときの，すべての作り方は$\frac{{}_6C_2 \times {}_4C_2}{3!}=15$通り。このうち，AとBが同じグループになるグループの作り方は$\frac{{}_4C_2}{2!}=3$通り。よって，求める確率は$\frac{3}{15}=\frac{1}{5}$である。

演習問題

1 次の図で，直方体ABCD－EFGHの辺 AB，BCの中点をそれぞれM，Nとする。この直方体を3点M，F，Nを通る平面で切り，頂点Bを含むほうの立体をとりさる。AD＝DC＝8cm，AE＝6cmのとき，△MFNの面積として正しいものはどれか。

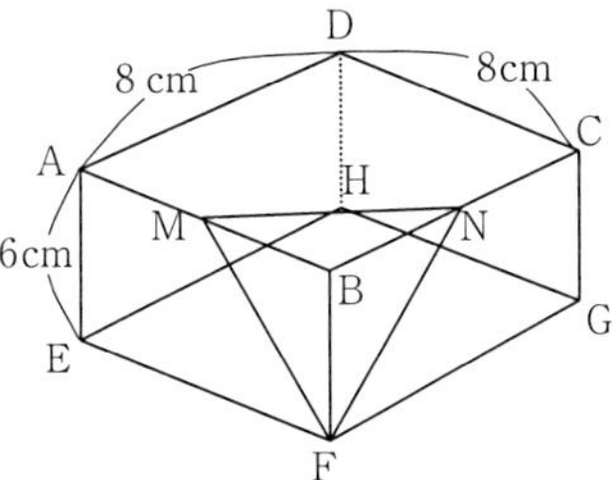

1　$3\sqrt{22}$〔cm²〕　2　$4\sqrt{22}$〔cm²〕
3　$5\sqrt{22}$〔cm²〕　4　$4\sqrt{26}$〔cm²〕
5　$4\sqrt{26}$〔cm²〕

2 右の図において，四角形ABCDは円に内接しており，弧BC＝弧CDである。AB，ADの延長と点Cにおけるこの円の接線との交点をそれぞれP，Qとする。AC＝4cm，CD＝2cm，DA＝3cmとするとき，△BPCと△APQの面積比として正しいものはどれか。

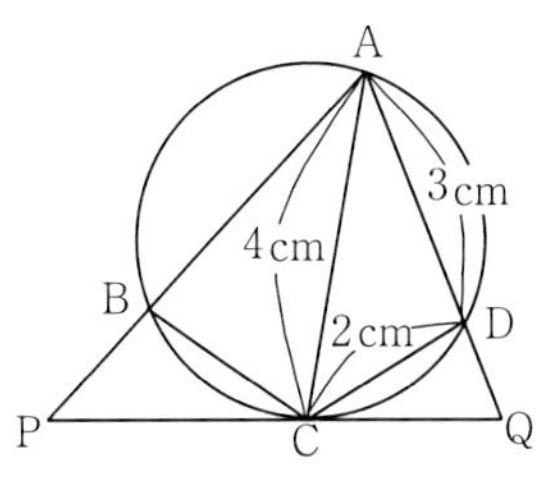

1　1：5　2　1：6　3　1：7　4　2：15　5　3：20

3 1辺の長さが15のひし形がある。その対角線の長さの差は6である。このひし形の面積として正しいものは次のどれか。

1　208　2　210　3　212　4　214　5　216

4 右の図において，円C_1の半径は2，円C_2の半径は5，2円の中心間の距離はO_1O_2＝9である。2円の共通外接線lと2円C_1, C_2との接点をそれぞれA，Bとするとき，線分ABの長さとして正しいものは次のどれか。

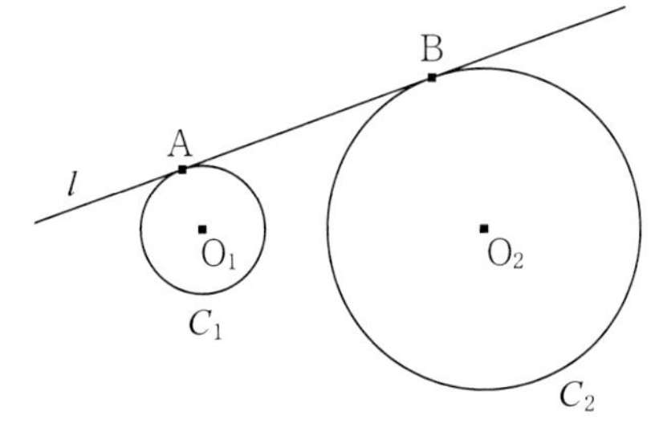

1　$3\sqrt{7}$　2　8　3　$6\sqrt{2}$　4　$5\sqrt{3}$　5　$4\sqrt{5}$

5 下の図において，点Eは，平行四辺形ABCDの辺BC上の点で，AB＝AEである。また，点Fは，線分AE上の点で，∠AFD＝90°である。∠ABE＝70°のとき，∠CDFの大きさとして正しいものはどれか。

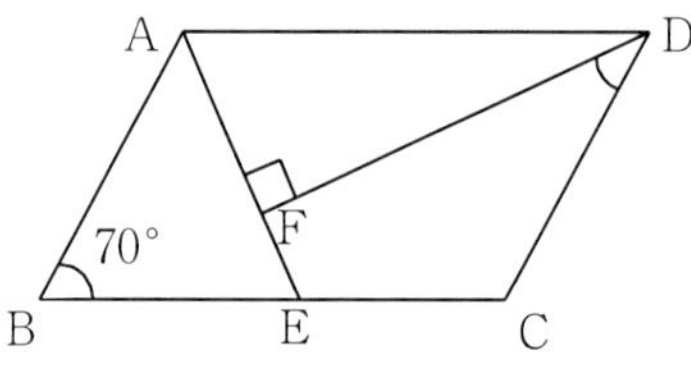

1　48°　　2　49°　　3　50°　　4　51°　　5　52°

6 底面の円の半径が4で，母線の長さが12の直円すいがある。この円すいに内接する球の半径として正しいものは次のどれか。

1　$2\sqrt{2}$
2　3
3　$2\sqrt{3}$
4　$\frac{8}{3}\sqrt{2}$
5　$\frac{8}{3}\sqrt{3}$

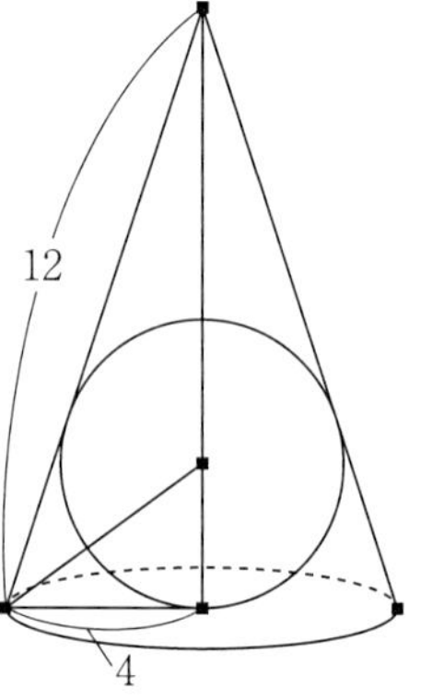

○○○解答・解説○○○

1 2

解説　△MFNはMF＝NFの二等辺三角形。$MB=\frac{8}{2}=4$, BF＝6より，
$MF^2=4^2+6^2=52$
また，$MN=4\sqrt{2}$
FからMNに垂線FTを引くと，△MFTで三平方の定理より，
$FT^2=MF^2-MT^2=52-\left(\frac{4\sqrt{2}}{2}\right)^2=52-8=44$
よって，$FT=\sqrt{44}=2\sqrt{11}$
したがって，$\triangle MFN=\frac{1}{2}\cdot 4\sqrt{2}\cdot 2\sqrt{11}=4\sqrt{22}$〔cm²〕

2 3

解説 ∠PBC＝∠CDA，∠PCB＝∠BAC＝∠CADから，

△BPC∽△DCA

相似比は2：3，面積比は，4：9

また，△CQD∽△AQCで，相似比は1：2，面積比は1：4

したがって，△DCA：△AQC＝3：4

よって，△BPC：△DCA：△AQC＝4：9：12

さらに，△BPC∽△CPAで，相似比1：2，面積比1：4

よって，△BPC：△APQ＝4：(16＋12)＝4：28＝1：7

3 5

解説 対角線のうちの短い方の長さの半分の長さをxとすると，長い方の対角線の長さの半分は，$(x+3)$と表せるから，三平方の定理より次の式がなりたつ。

$x^2+(x+3)^2=15^2$

整理して，$2x^2+6x-216=0$　よって，$x^2+3x-108=0$

$(x-9)(x+12)=0$より，$x=9, -12$　xは正だから，$x=9$である。

したがって，求める面積は，$4\times\dfrac{9\times(9+3)}{2}=216$

4 5

解説 円の接線と半径より$O_1A\perp l$，$O_2B\perp l$であるから，点O_1から線分O_2Bに垂線O_1Hを下ろすと，四角形AO_1HBは長方形で，

$HB=O_1A=2$だから，

$O_2H=3$

△O_1O_2Hで三平方の定理より，

$O_1H=\sqrt{9^2-3^2}=6\sqrt{2}$

よって，$AB=O_1H=6\sqrt{2}$

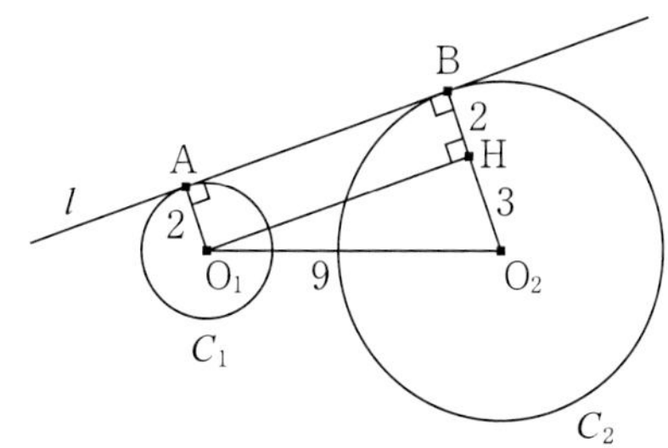

5 3

解説 ∠AEB＝∠ABE＝70°より，∠AEC＝180－70＝110°
また，∠ABE＋∠ECD＝180°より，∠ECD＝110°
四角形FECDにおいて，四角形の内角の和は360°だから，

∠CDF＝360°－（90°＋110°＋110°）＝50°

6 1

解説 円すいの頂点をA，球の中心をO, 底面の円の中心をHとする。3点A, O, Hを含む平面でこの立体を切断すると，断面は図のような二等辺三角形とその内接円であり，求めるものは内接円の半径OHである。

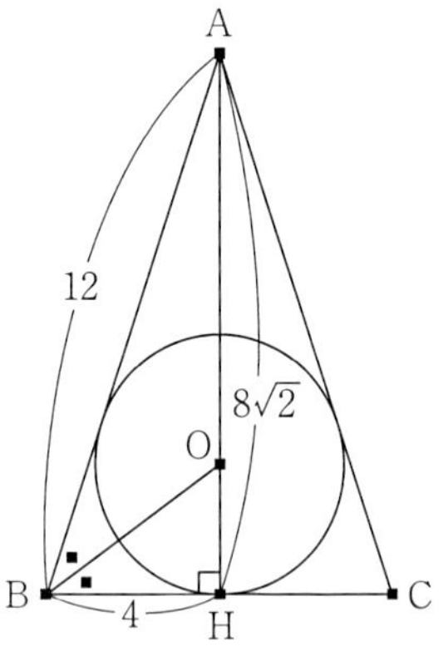

△ABHで三平方の定理より，

$AH=\sqrt{12^2-4^2}=8\sqrt{2}$

Oは三角形ABCの内心だから，BOは∠ABHの2等分線である。

よって，AO：OH＝BA：BH＝3：1

$OH=\frac{1}{4}AH=2\sqrt{2}$

演習問題

1 O市，P市，Q市の人口密度（1km^{2}あたりの人口）を下表に示してある，O市とQ市の面積は等しく，Q市の面積はP市の2倍である。

市	人口密度
O	390
P	270
Q	465

このとき，次の推論ア，イの正誤として，正しいものはどれか。

ア　P市とQ市を合わせた地域の人口密度は300である

イ　P市の人口はQ市の人口より多い

1　アもイも正しい
2　アは正しいが，イは誤り
3　アは誤りだが，イは正しい
4　アもイも誤り
5　アもイもどちらとも決まらない

2 2から10までの数を1つずつ書いた9枚のカードがある。A，B，Cの3人がこの中から任意の3枚ずつを取ったところ，Aの取ったカードに書かれていた数の合計は15で，その中には，5が入っていた。Bの取ったカードに書かれていた数の合計は16で，その中には，8が入っていた。Cの取ったカードに書かれていた数の中に入っていた数の1つは，次のうちのどれか。

1　2　　2　3　　3　4　　4　6　　5　7

3 体重の異なる8人が，シーソーを使用して，一番重い人と2番目に重い人を選び出したい。シーソーでの重さ比べを，少なくとも何回行わなければならないか。ただし，シーソーには両側に1人ずつしか乗らないものとする。

1　6回　　2　7回　　3　8回　　4　9回　　5　10回

4 A～Fの6人がゲーム大会をして，優勝者が決定された。このゲーム大会の前に6人は，それぞれ次のように予想を述べていた。予想が当たったのは2人のみで，あとの4人ははずれであった。予想が当たった2人の組み合わせとして正しいものはどれか。

A 「優勝者は，私かCのいずれかだろう。」

B 「優勝者は，Aだろう。」

C 「Eの予想は当たるだろう。」

D 「優勝者は，Fだろう。」

E 「優勝者は，私かFのいずれかだろう。」

F 「Aの予想ははずれるだろう。」

1 A，B　2 A，C　3 B，D　4 C，D　5 D，E

5 ある会合に参加した人30人について調査したところ，傘を持っている人，かばんを持っている人，筆記用具を持っている人の数はすべて1人以上29人以下であり，次の事実がわかった。

i）傘を持っていない人で，かばんを持っていない人はいない。

ii）筆記用具を持っていない人で，かばんを持っている人はいない。

このとき，確実に言えるのは次のどれか。

1 かばんを持っていない人で，筆記用具を持っている人はいない。

2 傘を持っている人で，かばんを持っている人はいない。

3 筆記用具を持っている人で，傘を持っている人はいない。

4 傘を持っていない人で，筆記用具を持っていない人はいない。

5 かばんを持っている人で，傘を持っている人はいない。

6 次A，B，C，D，Eの5人が，順に赤，緑，白，黒，青の5つのカードを持っている。また赤，緑，白，黒，青の5つのボールがあり，各人がいずれか1つのボールを持っている。各自のカードの色とボールの色は必ずしも一致していない。持っているカードの色とボールの色の組み合わせについてア，イのことがわかっているとき，Aの持っているボールの色は何色か。ただし，以下でXとY 2人の色の組み合わせが同じであるとは，「Xのカード，ボールの色が，それぞれYのボール，カードの色と一致」していることを意味する。

ア CとEがカードを交換すると，CとDの色の組み合わせだけが同じになる。

イ BとDがボールを交換すると，BとEの色の組み合わせだけが同じになる。

1 青　2 緑　3 黒　4 赤　5 白

○○○解答・解説○○○

1 3

解説 「O市とQ市の面積は等しく，Q市の面積はP市の2倍」ということから，仮にO市とQ市の面積を1km^2，P市の面積を2km^{2}と考える。

ア…P市の人口は270×2＝540人，Q市の人口は465×1＝465人で，2つの市を合わせた地域の面積は3km2なので，人口密度は，(540＋465)÷3＝335人になる。

イ…P市の人口は540人，Q市は465人なので，P市の方が多いので正しいといえる。

よって推論アは誤りだが，推論イは正しい。

よって正解は3である。

2 3

解説 まず，Bが取った残りの2枚のカードに書かれていた数の合計は，16－8＝8である。したがって2枚のカードはどちらも6以下である。ところが「5」はAが取ったカードにあるから除くと，「2」，「3」，「4」，「6」の4枚となるが，この中で2数の和が8になるのは，「2」と「6」しかない。

次にAが取った残りの2枚のカードに書かれていた数の合計は，15－5＝10である。したがって2枚のカードはどちらも8以下である。この中で，すでにA自身やBが取ったカードを除くと「3」，「4」，「7」の3枚となるが，この中で2数の和が10になるのは，「3」と「7」のみである。

以上のことから，Cの取った3枚のカードは，AとBが取った残りの「4」「9」「10」である。

3 4

解説 全員の体重が異なるのだから，1人ずつ比較するしかない。したがって一番重い人を見つけるには，8チームによるトーナメント試合数，すなわち8－1＝7（回）でよい。図

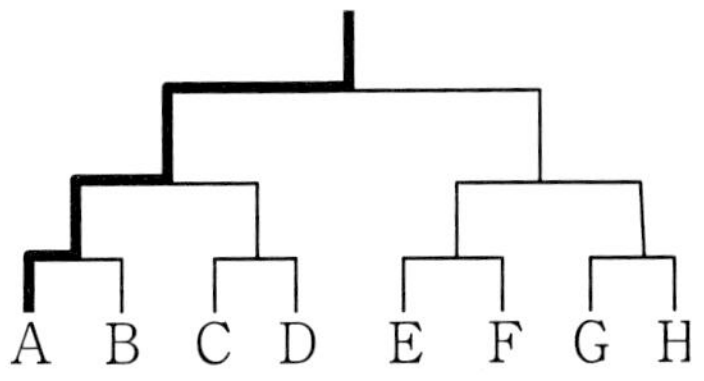

は8人をA～Hとしてその方法を表したもので，Aが最も重かった場合である。次に2番目に重い人の選び出し方であるが，2番目に重い人の候補になるのは，図でAと比較してAより軽いと判断された3人である。すなわち最初に比較したBと，2回目に比較したC，Dのうちの重い方と，最後にAと比較したE～Hの中で一番重い人の3人である。そしてこの3人の中で一番重い人を見つける方法は2回でよい。結局，少なくとも7＋2＝9（回）の重さ比べが必要であるといえる。

4 1

解説 下の表は，縦の欄に優勝したと仮定した人。横の欄に各人の予想が当たったか（○）はずれたか（×）を表したものである。

	A	B	C	D	E	F
A	○	○	×	×	×	×
B	×	×	×	×	×	○
C	○	×	×	×	×	×
D	×	×	×	×	×	○
E	×	×	○	×	○	○
F	×	×	○	○	○	○

「予想が当たったのは，2人のみ」という条件を満たすのは，Aが優勝したと仮定したときのAとBのみである。よって，1が正しい。

5 3

解説 ｉ）ⅱ）より集合の包含関係は図のようになっている。

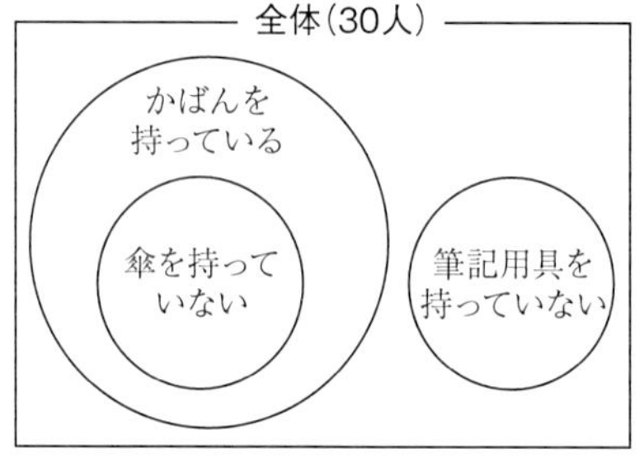

図より，傘を持っていない人の集合と，筆記用具を持っていない人の集

合の共通部分は空集合であり，選択肢1，2，3，5については必ずしも空集合とは限らない。

したがって，確実に言えるのは「傘を持っていない人で，筆記用具を持っていない人はいない」のみである。

6 5

解説 最初の状態は，

	A	B	C	D	E
カード	赤	緑	白	黒	青

まずアより，EとCがカードを交換した場合，CとDの色の組み合わせだけが同じになることから，ボールの色が次のように決まる。

	A	B	C	D	E
カード	赤	緑	青	黒	白
ボール			黒	青	

つまり，Cのボールが黒，Dのボールが青と決まる。

カード交換前のカードの色で表すと，

	A	B	C	D	E
カード	赤	緑	白	黒	青
ボール			黒	青	

さらにイより，BとDがボールを交換すると，BとEの色の組み合わせだけが同じになることから，Eのボールの色が緑ときまる。つまり，

	A	B	C	D	E
カード	赤	緑	白	黒	青
ボール			黒	青	緑

ここで，Bのボールの色が白だとすると，Dとボールを交換したときに，CとDが黒と白で同じ色の組み合わせになってしまう。したがって，Aのボールの色が白，Bのボールの色が赤といえる。

つまり，次のように決まる。

	A	B	C	D	E
カード	赤	緑	白	黒	青
ボール	白	赤	黒	青	緑

●情報提供のお願い●

就職活動研究会では，就職活動に関する情報を募集しています。

エントリーシートやグループディスカッション，面接，筆記試験の内容等について情報をお寄せください。ご応募はメールアドレス（edit@kyodo-s.jp）へお願いいたします。お送りくださいました方々には薄謝をさしあげます。

ご協力よろしくお願いいたします。

会社別就活ハンドブックシリーズ

阪急阪神HDの就活ハンドブック

編　者　就職活動研究会
発　行　令和6年2月25日
発行者　小貫輝雄
発行所　協同出版株式会社
〒101－0054
東京都千代田区神田錦町2－5
電話　03－3295－1341
振替　東京00190－4－94061
印刷所　協同出版・POD工場

落丁・乱丁はお取り替えいたします

●2025年度版●
会社別就活ハンドブックシリーズ
【全111点】

運　輸

東日本旅客鉄道の就活ハンドブック
東海旅客鉄道の就活ハンドブック
西日本旅客鉄道の就活ハンドブック
東京地下鉄の就活ハンドブック
小田急電鉄の就活ハンドブック
阪急阪神 HD の就活ハンドブック
商船三井の就活ハンドブック
日本郵船の就活ハンドブック

機　械

三菱重工業の就活ハンドブック
川崎重工業の就活ハンドブック
IHI の就活ハンドブック
島津製作所の就活ハンドブック
浜松ホトニクスの就活ハンドブック
村田製作所の就活ハンドブック
クボタの就活ハンドブック

金　融

三菱 UFJ 銀行の就活ハンドブック
三菱 UFJ 信託銀行の就活ハンドブック
みずほ FG の就活ハンドブック
三井住友銀行の就活ハンドブック
三井住友信託銀行の就活ハンドブック
野村證券の就活ハンドブック
りそなグループの就活ハンドブック
ふくおか FG の就活ハンドブック
日本政策投資銀行の就活ハンドブック

建設・不動産

三菱地所の就活ハンドブック
三井不動産の就活ハンドブック
積水ハウスの就活ハンドブック
大和ハウス工業の就活ハンドブック
鹿島建設の就活ハンドブック
大成建設の就活ハンドブック
清水建設の就活ハンドブック

資源・素材

旭旭化成グループの就活ハンドブック
東レの就活ハンドブック
ワコールの就活ハンドブック
関西電力の就活ハンドブック

日本製鉄の就活ハンドブック
九州電力の就活ハンドブック
中部電力の就活ハンドブック

自動車

トヨタ自動車の就活ハンドブック
デンソーの就活ハンドブック
本田技研工業の就活ハンドブック
日産自動車の就活ハンドブック

商　社

三菱商事の就活ハンドブック
伊藤忠商事の就活ハンドブック
住友商事の就活ハンドブック
双日の就活ハンドブック
丸紅の就活ハンドブック
豊田通商の就活ハンドブック
三井物産の就活ハンドブック

情報通信・IT

NTT データの就活ハンドブック
サイバーエージェントの就活ハンドブック
NTT ドコモの就活ハンドブック
LINE ヤフーの就活ハンドブック
野村総合研究所の就活ハンドブック
SCSK の就活ハンドブック
日本電信電話の就活ハンドブック
富士ソフトの就活ハンドブック
KDDI の就活ハンドブック
日本オラクルの就活ハンドブック
ソフトバンクの就活ハンドブック
GMO インターネットグループ
楽天の就活ハンドブック
オービックの就活ハンドブック
mixi の就活ハンドブック
DTS の就活ハンドブック
グリーの就活ハンドブック
TIS の就活ハンドブック

食品・飲料

サントリー HD の就活ハンドブック
日本たばこ産業 の就活ハンドブック
味の素の就活ハンドブック
日清食品グループの就活ハンドブック
キリン HD の就活ハンドブック
山崎製パンの就活ハンドブック
アサヒグループ HD の就活ハンドブック
キユーピーの就活ハンドブック

生活用品

資生堂の就活ハンドブック
武田薬品工業の就活ハンドブック
花王の就活ハンドブック

電気機器

三菱電機の就活ハンドブック
パナソニックの就活ハンドブック
ダイキン工業の就活ハンドブック
富士通の就活ハンドブック
ソニーの就活ハンドブック
キヤノンの就活ハンドブック
日立製作所の就活ハンドブック
京セラの就活ハンドブック
ＮＥＣの就活ハンドブック
オムロンの就活ハンドブック
富士フイルム HD の就活ハンドブック
キーエンスの就活ハンドブック

保　険

東京海上日動火災保険の就活ハンドブック
三井住友海上火災保険の就活ハンドブック
第一生命ﾎｰﾙﾃﾞｨﾝｸﾞｽの就活ハンドブック
損保ｼﾞｬﾊﾟﾝの就活ハンドブック

メディア

大日本印刷の就活ハンドブック
エイベックスの就活ハンドブック
博報堂 DY の就活ハンドブック
東宝の就活ハンドブック
凸版印刷の就活ハンドブック

流通・小売

ニトリ HD の就活ハンドブック
ZOZO の就活ハンドブック
イオンの就活ハンドブック

エンタメ・レジャー

オリエンタルランドの就活ハンドブック
任天堂の就活ハンドブック
アシックスの就活ハンドブック
カプコンの就活ハンドブック
バンダイナムコ HD の就活ハンドブック
セガサミー HD の就活ハンドブック
コナミグループの就活ハンドブック
タカラトミーの就活ハンドブック
スクウェア･エニックス HD の就活ハンドブック